U1007043

研究是一门艺术

撰写学位论文、调查报告、学术著作的权威指南

The Craft of Research

（第 4 版）

[美]

韦恩·C. 布斯

Wayne C. Booth

格雷戈里·G. 卡洛姆

Gregory G. Colomb

约瑟夫·M. 威廉姆斯

Joseph M. Williams

约瑟夫·毕祖普

Joseph Bizup

威廉·T. 菲茨杰拉德

William T. Fitzgerald

著

何卫宁

译

新华出版社

图书在版编目（CIP）数据

研究是一门艺术：撰写学位论文、调查报告、学术著作的权威指南：第4版
（美）韦恩·C. 布斯等著；何卫宁译.
北京：新华出版社, 2019.12
书名原文: The craft of research
ISBN 978-7-5166-5012-7
Ⅰ. ①研… Ⅱ. ①韦… ②何… Ⅲ. ①学术研究－写作 Ⅳ. ①G30 ②H05
中国版本图书馆CIP数据核字（2019）第289217号

著作权合同登记号：01-2018-7340

The Craft of Research
by Wayne C. Booth, Gregory G. Colomb, Joseph M. Williams,
Joseph Bizup, and William T. Fitzgerald
© 2016 by The University of Chicago.
Licensed by The University of Chicago Press, Chicago, Illinois, U.S.A.
All Rights Reserved.
中文简体版专有电子版权经由中华版权代理总公司授予
中文简体字专有出版权属新华出版社

研究是一门艺术：撰写学位论文、调查报告、学术著作的权威指南（第4版）

作　　者：[美]韦恩·C. 布斯　格雷戈里·G. 卡洛姆　约瑟夫·M. 威廉姆斯
约瑟夫·毕祖普　威廉·T. 菲茨杰拉德
译　　者：何卫宁

出 版 人：匡乐成　**封面设计：**今亮新声
责任编辑：张　谦　高映霞

出版发行：新华出版社
地　　址：北京石景山区京原路8号　**邮　　编：**100040
网　　址：http://www.xinhuapub.com
经　　销：新华书店、新华出版社天猫旗舰店、京东旗舰店及各大网店
购书热线：010－63077122　**中国新闻书店购书热线：**010－63072012

照　　排：六合方圆
印　　刷：河北鑫兆源印刷有限公司

成品尺寸：170mm×240mm　1/16
印　　张：18.5　**字　　数：**250千字
版　　次：2021年8月第一版　**印　　次：**2024年12月第四次印刷

书　　号：ISBN 978-7-5166-5012-7
定　　价：58.00元

版权专有，侵权必究。如有质量问题，请与出版社联系调换：010-63077124

前　言

本版的目标

《研究是一门艺术（第四版）》是韦恩·C. 布斯（Wayne C. Booth）、格雷戈里·G. 卡洛姆（Gregory G. Colomb）、约瑟夫·M. 威廉姆斯（Joseph M. Williams）这三位原始作者逝世后的第一次再版。为了完成本版的修订工作，我们——约瑟夫·毕祖普（Joseph Bizup）、威廉·T. 菲茨杰拉德（William T. Fitzgerald）——遇到了既令人感到愉快又富于挑战的任务，那就是要重新改写我俩长期以来一直崇拜的这本书。我们的目标是更新和修缮它，但不把这本书从原始作者那里拿来据为已有。

本版的主要目标与前三版的是一样的：满足所有研究人员的需要，不仅是研究生和高年级大学生的需要，还要满足商业和政府中的人士，他们的研究话题很广泛，有学术的，有政治的，有商业的。写这本书的目的是：

- 把话题或疑问转化为值得花精力去解决的问题是一个复杂的过程，本书指导你克服其复杂性；
- 帮助你规划和起草一份有价值的研究报告；

● 教给你如何像读者一样阅读你的研究报告，以便你能把它修改成有价值的报告，值得读者花精力去理解，值得去尊重。

其他手册也涉及这些话题，但本书有独到之处。大多数流行手册都承认很少有研究人员能像做直线运动那样完成下述研究步骤：找话题、确定论题、做笔记、修改草稿。有经验的研究人员一般是进两步退一步，为的是更好地前进，这样可以调整方向，为下面的步骤做准备。就我们所知，还没有任何一本手册试图解释研究过程中各步骤之间相互影响的问题——如何在研究阶段就考虑写草稿问题，如何在写草稿时想到论证中的问题，如何在写前言时萌发新的研究思路。

与其他手册不同，本书有一个特点，就是试图明确地讨论被其他手册视为神秘而没有给予分析和解释的创作过程：

● 如何把一个模糊的兴趣转变为一个令读者觉得值得一提、值得花力气解决的研究问题；

● 如何做论证，使得读者认真对待你的观点；

● 如何预见读者的批评意见，并给予恰当的回应；

● 如何写前言和结论，回答读者提出的最难以回答的“那又怎样”这个问题；

● 如何像读者一样阅读你的作品，从而知道何时和如何进行修改。

为了使你能想象出读者将如何评判你写的论文，每一章的核心是代表读者向你提出建议。

研究论文的种类虽多，但都拥有一组共同的元素，本书就是要讲解这些元素，这不仅是因为作者需要理解它们的形式，也是因为它们帮助作者进行思考。无论是研究论文，或是研究报告，或是白皮书，或许其他类型的写作，其写作格式并非是空洞无物的格式：这些格式体现了工作过程和论证方式；它们帮助我们推进和优化我们的研究项目，检验我们的工作，甚至发现新思想。我们如何写作，影响我们如何论证和如何做研究，反之亦然。从这个意义讲，学习某个领域的写作格式就是在学习那个领域。

本书确信：研究的艺术和写论文的艺术不仅是为精英人士准备的，也可以供所有人去学习。许多先进的研究手段只能在具体的学术社团的环境中才能学到。但即使你还没有参加学术社团，你自己仍然可以创造出学术社团的气氛。我们在《给老师的附言》中向你（和你的老师）推荐了几种方式。

本版没有涉及的方面

《研究是一门艺术（第四版）》像前三版一样对待研究。本书不讨论如何合并叙述，不讨论“大篇幅描述”，不讨论如何在你的论证中加入视听证据。这些都是重要话题，但对本书来说太宽泛，无法做恰当处理。本版也没有触及特殊研究领域的研究手段。同样地，虽然本书讨论了在线研究的原则，但没有试图描述在图书馆里可用的大量专门的搜索工具和数据库。

这一版的新特点

在准备本书第四版时，我了解到本书前几版都受到了好评，吸引了广泛的读者群，有大学一年级写作课的学生，有研究生和高级研究人员，甚至有商业、医疗、法律界的专业人士。此外，国外也有读者：本书被翻译成俄语、西班牙语、葡萄牙语、朝鲜语、日语、汉语。

我们想得最多的是《研究是一门艺术》是三位有才华的老师和学者杰出合作的结晶，踏着他们的足迹前进让我们感到自豪。我们一方面希望吸引新一代的研究人员，另一方面又要努力保留《研究是一门艺术》被视为经典的视角、内容和语气。熟悉前几版的读者会发现本版忠实于本书的愿景和整体结构。与此同时，每一章都进行了更新，力求反映出现代研究的概貌。

下面简单罗列一下我们所做的调整：

● 我们修改了第 5 章和第 6 章，增添了在图书馆和互联网上做研究的新进展。我们特别强调了依靠在线数据库和搜索引擎的新研究手段和在线资料的价值，但同时又指出要评估这些资料的可靠性。

● 我们再次修改了有关证据的那一章（第 11 章），前几版对这个问题的解释有些难懂。

● 我们把第 13 章的前两节转移到了第 12 章，新标题是“写作计划与写草稿”，交换了第 13 章和第 14 章的次序，新标题是“组织你的论证”和“利用参考文献”。

● 从本书的开头到结尾，我们根据需要澄清概念，提供新例子。

● 我们把研究、论证、写作视为各不相同的活动。

我们尽可能在表达学术研究结果和专业研究结果时用词标准（比如，用“论文”，不用“报告”）。

我们做这些事，就是为了保留布斯、卡洛姆、威廉姆斯在前几版中试图保留的那种友善的语气、坦率的气氛、同事之间协调工作的态度，许多人觉得这些特色对本书的成功至关重要。

目 录 CONTENTS

第一部分

研究、研究人员、读者

Research, Researchers, and Readers

开篇：成为一名研究人员

谁需要做研究？

你心目中的研究人员是什么样子？穿着实验室大白袍看显微镜的人？在图书馆埋头做笔记的人？这是大众心目中研究人员的形象。但你或许还可以想一想各大广播公司的播音员或那些为讲演做大量准备工作的人。像所有成功人士一样，这些人不仅善于做研究，还善于利用其他人的研究成果。事实上，研究是他们成功的原因。他们在这个被恰当地称为“信息时代”的时代里，不仅要学会如何寻找信息，还要学会如何评估信息，如何清晰和准确地宣传信息（常常需要质疑错误信息）。今后这些技能是任何想成功的专业人士的必备。

你或许还不是专业人士，但学会做研究有助于你应对当前和未来的挑战。第一，只有研究才能帮助你理解读到的东西。别人的研究成果，你只有亲自研究一下，才能做出准确的判断。教科书上说的、电视上专家讲的，虽然既流畅又自信，但你只有通过研究才能理解充满混乱的现实。互联网和电视上充斥着有关政府、经济、环境、商品的“事实”。在这些事实中，有的是真的，但也有许多假的。这就是为什么你要学会做研究的原因。你需要学会如何清晰地、准确地评估研究报告。

你会发现，如何获得新知识取决于你问什么样的问题，而你怎样思考和交流你的研究成果会影响你提什么问题和怎样回答。最重要的是你会理解到，我们大家都依靠的知识取决于研究的质量和研究报告的准确性。此外，研究的另一个好处是能破解疑难，发现其他人还不知道的东西，虽然有些人会觉得这有点理想主义，但确实给人带来了纯粹的快乐。

做研究与骑自行车不一样，因为骑自行车这类技能学会后永远不忘。但每次新开始一个研究项目，我们都不得不重新思考该如何做，这点我们每个人都经历过。每次与一个新研究社团展开交流，我们都不得不去寻找有什么方式能帮助我们理解其成员认为重要的东西。即便如此，我们仍然可以依靠所有研究人员都遵循的原则，我们将在这本书中描述这些原则。我们认为，无论你的项目是否变得越来越困难，无论读者的要求是否变得越来越多，无论你是在学校或是出了校门，你会发现这些原则都是很有用的。

我们必须说实话：做研究工作需要认真写报告，这份工作很艰苦，你必须花费足够的精力。无论你的研究计划做得多么周密，研究工作不会一帆风顺，会遇到波折，有时还会停顿不前，甚至是倒退。研究过程很复杂，但有几个步骤是固定的，我们将逐一解释这些步骤如何进行。当你能按步骤做研究工作时，就不会害怕复杂的研究过程了，你做研究工作的信心就增加了。

启动一个研究项目

第一次做研究项目，似乎让你感到无从下手：我该怎样选题呢？到哪里去找信息？怎样处理找到的信息？即使你在写作课上写过“研究论文”，但到了要真做研究的时候，你可能仍然会感到害怕。如果是这样，你并不孤单。即使有经验的研究人员，当他面对新课题和新读者时，也会感到焦虑。所以，无论你感到怎样的焦虑，大多数研究人员都有类似的感受。但差别是有经验的研究人员知道如何对待焦虑——通过刻苦工作获得快乐；有挫折，但更多的是满足；有疑惑，但信心会胜出，最终获得有价值的研究成果。尤为重要的是，有经验的研究人知道研究项目自始至终都并不容易，却有可能有效地进行，当然能多有效还要看研究项目的复杂性。这本书的目标就是教给你这个本领。

制定研究计划

如果你不知道读者想在研究报告中寻找什么，不知道如何帮助他们找到他们想要的，你将很难把研究工作做好。有经验的研究人员都知道，没有计划，很难取得好的研究成果。计划可以很简略，甚至仅存在于他们的脑海里。实际上，研究人员有两份计划：一份帮助他们做研究，另一份帮助他们写论文。

他们通常先提出一个问题，然后在一份计划的指导下去寻找问题的答案。他们也许不太清楚自己到底会得到什么样的答案，但他们知道答案会慢慢露出真面貌，有时甚至能让他们大吃一惊。他们还知道，一旦有了答案，他们不会马上动笔写论文。有经验的木匠绝不匆忙开始锯木头。他们会制定第二份计划，就是一份为写草稿制定的粗略蓝图——或许就是一张轮廓草图。但在实际写作中，精明的研究人员不会受这份计划的限制：如果遇到困难或发现了某种引导他们走向新方向的东西，他们会改变计划。但他们在动笔写草稿前，总是先有个计划。计划很可能会变，但不能没有。

那份为写草稿制定的计划不仅帮助研究人员写作，还帮助读者阅读。事实上，各类研究人员根据标准格式推测读者的期待：

- 新闻记者按照传统的“金字塔”格式写新闻报道，先说最重要的信息，这不仅使记者工作容易一些，而且还能使读者快速看到新闻要点，做出是否继续阅读这篇新闻报道的决定。
- 会计师按照审计报告的格式写报表，这样投资人便可以判断这家公司是否是另一个安然公司，或是下一个苹果公司。
- 美国食品与药物管理局的科学家按照预定格式做报告——前言、方法、材料、结果、讨论、结论——不仅使报告连贯，也方便读者寻找自己想要的信息。

虽然用了标准格式，但作者可以自由地强调自己的独特想法，凸显研究的个人特色。但他们知道，这些标准格式不仅帮助他们有效地写作，同样可以帮助读者有效地理解报告。

这本书帮助你有计划地做研究、写研究报告，不仅能极大地触发你思考力，还帮助读者感受到你研究的价值。

如何使用本书

研究工作既复杂又令人焦虑，所以你需要把本书读两遍。快速地浏览一遍（略过长篇大论和迷惑不解的部分）。然而，当你开始研究工作时，请再仔细阅读跟你当前任务相关的章节。如果你是第一次做研究，从本书的开头读起。如果你已经开始了研究工作，但还不是专家，略过第一部分，集中精力钻研本书的其他部分。如果你是一个有经验的研究者，第 4 章和第三、第四部分对你最有用。

在第一部分中，涉及第一次做研究时你必须注意的事项：为什么读者希望我们按照特定的格式写研究报告（第 1 章）；为什么我们不能把研究工作看成是单打独斗，而应该视之为与同事和读者交流的工具（第 2 章）。

在第二部分中，我们讨论如何开展研究工作。我们解释：

- 如何根据感兴趣找到话题，如何选择重点，如何质疑（第 3 章）
- 如何把疑问转化成为研究问题（第 4 章）
- 如何为你的研究项目找资料（第 5 章）
- 如何使用参考文献激励自己的灵感（第 6 章）

在第三部分中，我们讨论如何组织证据支撑你的观点。这包括：

- 研究论证概述（第 7 章）
- 如何评估你的观点及其意义（第 8 章）
- 如何判断什么是好理由和好证据（第 9 章）
- 如何应对他人提出的问题、反对意见、不同观点（第 10 章）
- 如何逻辑清晰地进行论证（第 11 章）

在第四部分中，我们讲解写论文的步骤：

- 如何制定写作计划和写草稿（第 12 章）
- 如何检查和修改草稿（第 13 章）
- 如何利用参考文献（第 14 章）
- 如何清晰地展示数据（第 15 章）
- 如何写前言和结论，如何说服读者去读你的论证过程
- 如何修改论文的风格和文字，使之变得清楚、坦率、容易理解（第 17 章）

穿插各章之间的**“小建议”**栏目，是对各章的补充。

在正文的后面，我们增加了“研究的伦理”，因为这个问题不同于研究的技能。做研究写研究报告是社会活动，可能引发伦理问题。我们经常能看到历史学家、科学家、股票分析人员写的不真实的东西。学术剽窃现象很普遍，中学生中有，学术带头人中也有。这些事例说明做研究工作、利用研究结果时讲伦理道德的重要性。

在结束语中，我们要对教授研究技能的老师说几句话。最后是参考文献目录，供研究的初学者和专家们寻找参考文献之用。

研究工作很艰苦，任何有挑战性的工作都很艰苦，但做艰苦的工作可以给人带来巨大的满足。这种满足感中相当重要的一部分，源自你知道自己的工作帮助了那些与你有相同兴趣的读者发现了你所发现的真相，并改变了他们的生活和思想。

第1章　思想的足迹

研究为大众和个人服务

在这一章中，我们要定义什么是研究，然后讨论你如何从好的研究中获益，为什么我们要重视研究，为什么我们希望你也应该重视。

当我们读到科学突破或世界危机的新闻时，我们得益于新闻记者的研究，而新闻记者同样受益于无数其他的人的研究。在图书馆里，你坐拥过去25个世纪的研究成果。在互联网上，我们能阅读到数百万份的研究报告，这些报告的研究人员提出过无数问题，并从其他人给出的答案中获取了大量信息，然后与我们大家分享他们的研究成果，以便我们能继续做他们正在做的工作，提出新问题，并给出我们的答案。

各年级的老师全都是终身研究人员。政府的研究费用有数十亿美元，企业就更多了。研究，可以在实验室和图书馆里做，也可以在大森林中和海洋深处做，还可以在洞穴和外层空间里做。在信息时代，研究可以在家里做。研究，事实上是世界上最大的产业。那些做不好研究工作的人，或不会如何评估他人研究成果的人，将会发现自己越来越无关紧要，因为这个世界越来越依赖可靠的研究人员提供的清晰且准确的好信息。

如果公布的研究结果不可信，我们就会陷入无休止的争吵中，陷入自以为是的牢笼，或易于上当受骗。当然，我们宁愿相信自己的看法是正确的。不过，由于有太多的人相信太多没有事实根据的说法，这才导致错误思想大行其道，甚至危险的思想也流行起来。最近发生的一些事件表明，相信不可靠的证据，确实会使我们陷入灾难。

这就是为什么这本书要求你在读研究报告时要保持温和的怀疑精神，即使你非常希望研究结论成立，你也需要去怀疑。

1.1 研究是什么?

以最宽广视角看，为回答一个问题而搜集信息就是在做研究。

问题：到哪里去为我的1965年款“野马”轿车买新汽缸盖密封垫片?

研究：在电话簿中找到一家汽车零件商，然后打电话问是否有货。

问题：我打赌，我想知道篮球明星迈克·乔丹的生日。

研究：用Google搜索“迈克·乔丹的生日”。

问题：我很想知道一种新鱼类的情况。

研究：上网搜集报纸或杂志发表的相关文章。

我们每天都在做这样的研究，但极少把结论写下来，因为有人替我们写下来了：乔丹的自传、鱼类研究者、电话簿出版商和汽车零配件商——这些人把结论写下来，是因为他们觉得未来有人会寻找问题的答案。

如果你做研究工作仅仅是为了应付任务，你很可能会敷衍了事，视之为浪费时间。我们希望你不要这样对待研究工作。如果研究工作做得好，你就成了人类最古老、最有名气的思想俱乐部中的一员，这个俱乐部中有哲学家、工程师、生物学家、社会科学家、历史学家、文学评论家、语言学家、神学家等等，在这份长长的名单中，自然还包括公司的首席执行官、律师、市场营销人员、投资经理人。

现在，如果你是研究新手，你或许会觉得上面谈到的仅是一面之词，新手只能听，因为没有什么可说。如果你是学生，你或许会觉得你的读者只有你的老师。这些看法有道理，但不全面。做个大胆预言，你可能真的会在未来的一次对话中帮助我们大家抵制无数江湖骗子企图推销给我们的无知偏见和不切实际的建议。可以毫不夸张地说，或许不是今天明天，但总有一天，你所做的研究工作至少可以改变你自己的生活，如果不是改变整个世界的话。

1.2　为什么要写出来?

不过，你们中的某些人可能仍然不愿加入那场为真理做辩护的对话。如果你接受加入那场对话的邀请，你必须寻找好问题，寻找坚实数据，构想出好答案，然后把这一切写出来。即使你写出了最上乘的论文，世界上除了你的老师读你的研究报告，再也没有别人感兴趣了。此外，你可能还想到老师知道所有我想说的，干嘛还要费劲儿去写没有意义的论文？写论文只能证明我能写，其余什么价值都没有。

有一个理由是这样的：我们写出来，不仅是在分享我们的工作，还是为了更好地做工作。

1.2.1　写是为了记忆

有经验的研究人员把读到的知识先写下来。有能力记住大量信息的人极为稀少，大部分人很快就会忘记他们曾经读过的信息。例如，我们看到 S 在 W 的基础上有了新发现，于是我们拿 S 的发现跟 B 的老数据进行比较，这样做很重要，因为 C 支持 B……但 S 说的怎么记不住了？不做笔记，很容易遗忘，还有可能记反了。

1.2.2 写是为了理解

写出来还有第二个理由，就是为了在你读到的材料中看出更有意义的东西。当你把研究结果不断用新的方式进行组织，你会发现其中的新意义、新联系、新复杂性。即使你能记住读过的所有信息，你也需要按照某种线索组织论点、梳理复杂的关系、筛选不同专家的观点。例如，我想利用 W 的观点，但 S 的数据不支持他的论证。当我全面梳理了两位专家的论点和论据后，你会看到 S 仅仅没有支持 W 论证的最后一部分。哈！如果我引入 B 工作替换 W 的最后一部分，那么我就能更加清楚地把重点放在 W 的工作上了。这就是为什么认真的研究人员一刻不停地写笔记，直到写到他们收集到足够信息为止：研究工作一开始，他们就开始写笔记，写笔记帮助他们以新的方式组织信息。

1.2.3 写是为了检验你的思想

第三个理由是你能把头脑中的想法释放出来，写在纸上，这样你就能看到你到底在想什么。无论你是学生或是专家，我们大家其实都一样，就是觉得放在脑海深处的思想比白纸黑字的思想更有说服力。但脑海深处的思想含混不清，如果你不把思想按照某种格式固定在纸上，你和读者都将无法判断你的思想有多么好。

总之，我们写是为了更准确地记忆、更好地理解、更加客观地对我们的思想进行评估（你会发现，你写得越多，你的阅读能力也会变得更好）。

1.3 为什么要正规地写论文?

即使大家都能认同写作有助于学习、思考、理解，但仍然会有人不理解为什么写论文不能按自己的方式写，而是要按照某个还未加入（甚至不想加入）的社团的要求写，并遵循与自己毫不相关的规定？为什么要用一种不属于我的语言和格式呢？你是不是要逼我变成你那样的学者？如果我按照你的要求写，我的特点不就丢失了吗？

这些担心是有道理的（大多数教师希望学生经常提这样的问题）。但不能改变学生的教育是软弱的。人受教育越多，就会越远离“原始”的本我。近朱者赤，近墨者黑，所以跟谁一起学习很重要。但认为学习如何写好研究报告会损害自我是错误的看法。学写研究报告会改变你的思维方式，但也换来了更多的思想方法。如果你能更加自由地做自己想做的人，干自己想干的事，你肯定会变得与众不同。

但学习写研究报告最重要的理由是你能学会写作的态度：当你写作不是仅仅为了自己，而是为其他人的时候，你对自己的要求就多出了许多。当你把思想写成文字后，你会发现这些想法是如此熟悉，你必须借助其他的手段才能使之摆脱自己的主观愿望，变得真实起来，使他们理解。你只有在试图回答了读者必然要问的重要问题之后，你才能更好地理解自己的研究工作：你是怎样评估你的证据的？为什么你认为那些证据是合理的？有什么想法你考虑过但放弃了？

任何研究人员，包括本书的作者在内，都能回忆起不知有多少次，在按照读者的要求写作的时候，发现了自己的思维错误，甚至发现了写草稿时没有想到的新想法。要想做到这点，你必须先把读者想象成既见多识广又认真的人，然后试图满足他们的需要和期待。当你这样做的时候，你就创造出一种我们称之为“虚拟社团”的组织来分享有价值的思想。

你或许会说，好，我可以为写得让读者满意，但为什么不能以我喜欢的方式？按照读者要求制定的论文格式是长期形成的，并非是空洞的容器，你不能随便向里面倾倒内容。这些格式不仅帮助作者与读者建立起联系，还培育出作者和读者之间的共同价值观。无论你的专业是什么，你都要尊重这个专业的标准，方式就是遵循这个专业研究报告的格式。与研究相关的写作类型有很多：研究论文、学术文章、研究报告、会议记录等等，其格式是长期演化的结果，反映了专业人员的要求。这些格式相当稳定，帮助社团的新成员和老成员一起分析研究成果和各自的愿望。一旦你了解了某个社团定义格式，你便能比较好地回答这个社团可能提出的问题，理解为什么其社团成员会有这样或那样的要求。当你学会用某个领域或某个专业的格式写作时，你就变成了那个研究社团的成员。

虽然每个社团的情况各有不同，但无论是在学术界，或是政府部门，或是商业，或是技术领域，好工作的标准都是一样的。如果你现在学会了做研究，日后无论你去何处，从事何种职业，你都会具有巨大优势。

1.4 写作就是思考

写论文，说到底是在与读者一起思考，是在为读者思考。当你为他人写作，你必须先忘记自己的私心，这样才能跟别人一起去探索、去拓展、去融合、去理解，这比你仅为自己写要充实多了。替别人思考需要更加谨慎、更加持久、更加深入，简单地说就是处处着想，不能仅是随便想一想。

当然，你可以投机取巧：哄老师满意就行了。这本书可以帮助你做到这点，但这样做等于亏待了自己。如果你找到了一个你感兴趣的话题，从中选定一个自己想回答的问题，然后努力去研究它，你一定会对研究工作极为着迷的，研究结果将会给你带来丰富的回报。想要研究成果，最有效的因素就是投入精力。要想学会思考，最有效的方法就是进行论证，即使论证失败，对你也有帮助。

你对自己研究项目的价值肯定是有判断的，另一方面，老师和同学会提出他们的意见，如何平衡这两方面是很难的，我们希望能把平衡术讲给你听，但我们做不到这点。如果别人不认同你的价值判断，你只有埋头苦干。如果你能做到这点，留给我们的便只能是羡慕了。

世界上最重要的研究成果，均出自有毅力的人，他们在冷漠甚至是敌意面前毫不退缩，他们永不言弃。遗传学者芭芭拉·麦克林托克（Barbara McClintock）有好几年的时间里不受重视，因为研究社团认为她的研究没有意义。但她对自己的研究有信心，没有放弃，最后终于获得了科学界的最高奖励诺贝尔奖。她的同事这才意识到，她是在他们意识到问题之前就已经找到了问题的答案。

第 2 章　与读者建立联系

你的角色和读者的角色

没有人看的研究意义不大。另一方面，即使是有经验的研究人员在制定研究计划、写论文过程中有时也会忽视读者。在本章中，我们向你展示如何为读者考虑，你甚至应该在开始研究工作前就做到这点。

最重要的是，我们总是跟其他人一起去做。有些学生认为研究工作是不同的，觉得研究人员应该孤独地静坐在图书馆里。但没有哪个地方比图书馆或实验室有更多的心灵对话。你路过图书馆或实验室时看到的研究景象仅是研究工作的一个侧面。当你读一本书或是一篇科学论文时，你是在跟作者交流思想——通过作者还能跟任何读过作者著作的人交流思想。事实上，每当你从某种参考资料中获得信息时，你等于参与了作者和读者之间展开的一次长达五千年的对话。当你完成一份研究报告的时候，你向这场对话中增加了你的声音，而且有希望获得其他人给予的回应，此后你还可以再次回应他们。我们希望这场对话能长久继续下去。

2.1 与读者对话

对话是社交活动，我们参与其中要发挥自己的作用。在面对面对话中，我们从对话的状况就能判断出对话进行得怎么样。对话中，双方是否平等？说者和听者有礼貌吗？回答问题直截了当吗？是谁在扮演专家的角色，让其他人扮演听众的角色？我们在对话中能判断对话是否正常。一旦发现错误和误解，我们能调整我们的角色和举止。但写作是一场虚拟的对话。一旦你决定了自己扮演的角色和读者的角色，角色的定义就不会改变了。我们边阅读边思考。你看，艾布拉姆斯认同的论据，但仍然顽固地攻击，故意不理会存在的反例。我们从阅读中发现艾布拉姆斯坚决不改变初衷。

当然，评价是双向的：读者可以判断作者，作者也可能判断读者，但要在写作之前进行。考虑下面两句话：

有证据表明，当快速眼动睡眠被打断后，不仅记忆无法固化，尤其是陈述性记忆无法固化，而且也会显著损害基于工作记忆功能的认知过程。

如果你没有充足的睡眠，你不仅难以记住事实和概念，而且你的工作记忆功能也会受到损害，使你难以记住信息，最终影响你的理解能力、思考能力、学习能力。

这两位作者对读者的需要和目标都做出了判断。第一位作者针对具有相当多知识的同学，他们对睡眠和记忆心理学感兴趣。所以，这位作者的重点是抽象的概念，在使用专业词汇上没有限制。第二位作者视自己为一位耐心地向初学者讲解复杂事物的专家，所以尽量不选用技术词汇。作者还认为读者希望获得实用的建议，于是直接用“你”称呼读者，这样便于提供建议。

这两句话非常不同：第一句读起来像高年级的教科书文字；第二句好像来源于自学手册。而两位作者如果对读者的判断是正确的话，都能实现他们的写作目的。

如果这两位作者交换这两句话，结果就大不相同了。那些不熟悉认知心理学，但希望获得有用建议的读者，会觉得作者不理会他们的需要；而那些掌握了睡眠和记忆知识的读者，会觉得第二句贬低了他们。如果作者如此错误判断读者，就会有丧失读者的风险。

事实上，作者必须给自己和读者做角色定位，角色定位可以是明确的，也可以是隐含的。最好是在动笔前就考虑角色定位问题。如果你没有给读者角色定位，或角色定位错了，你的草稿里就会出现许多错误，多得到最后一版都修改不完。

在写这本书时，我们试图推测你是个什么样的人——你喜欢什么，你对研究工作了解多少，是否重视关心研究。我们为你想象出一种角色，并希望你接受：你对学习如何做研究感兴趣，对学习写研究报告感兴趣，并且跟我们一样很重视研究工作（或者愿意听人劝告）。我们还想象出自己的角色：重视研究的价值，有兴趣分享研究工作的经验，不愿像个学究一样高高在上地对你讲话，而是愿意跟我们心目中的“你”交谈。对那些初次做研究工作的人，我们试着用跟高级研究人员一样轻松的语气讲话。我们希望，当我们在讨论新手没有见到过的问题时，新手不要有受挫感；而对老研究人员来说，当我们谈论他们熟悉的问题时，他们仍能保持耐心。只有你们能评价我们推测得怎样。

2.2 理解你的角色

很少有人为了消遣读研究论文，所以你必须创造出一种气氛，在那种气氛中，读者感到读你的论文对他们有利。要做到这点并不容易。有太多的研究新手在这个问题上犯了学生常犯的错误：老师，由于我比你知道的少，所以我的目标就是向你展示出我找到了很多的事实。如果你觉得我找到了足够多的事实，你就应该给我高分。这种做法，等于把研究项目变成一次无意义的练习，贬低了你和你的老师。此举还有更加严重的后果，你因此再也做不了真正的研究人员。

在真正的研究中，你必须把学生和老师的位置互换。如果是你在做研究，你比其他人知道得多。所以，当你在报告研究工作时，必须假定读者不知情，你必须找理由说服读者来听你做报告。你不能简单地说，这里有一些我找到的有关西藏 14 世纪编织的材料，这些材料足够好吗？

提供事实有三个比较好的理由，第三个在学术研究中最普遍。

2.2.1 我找到了一些有趣的新信息

当你对读者说，我这里有一些有关西藏 14 世纪编织的新材料，或许你会感兴趣。如果你这样做了，就等于你向真正的研究迈出了第一步。当然，你提这样的建议是假定读者想了解西藏的情况。即使读者不感兴趣，你也应该给自己分派一个角色，寻找到什么能引发读者兴趣的东西。沿着这条思路，你会找到（或创造出）一群读者，他们不仅对你的话题感兴趣（或有可能被说服），而且有问题想问你。即使你还没有找到这样的读者群，你在写作时也要幻想着已经有这样的读者群了。你必须表现出有兴趣分享新知识，而且要有激情，因为你对工作的兴趣基本上预示了读者也会对它有兴趣。

2.2.2 我解决了一个重要的实际问题

你可以更进一步做研究工作，不仅说我有一些你可能感兴趣的事实，进一步说这些事实有助于读者解决一个关心的问题。在商界、政府圈、职业队伍中，这类研究每天都在发生。他们所面对的问题，需要研究事实才能加以解决。他们首先要理解问题是什么，然后构想出解决方案——问题类型非常广泛，从失眠症，到恐怖主义造成的利润下滑，应有尽有。

为了帮助研究新手学会做研究，老师有时会虚拟一个“现实情况”：一名环境科学教授让你写一篇报告，指导环境保护局如何清理一个内陆湖泊。在这个研究项目中，你的角色不是学生，而是专业人员，要给有特殊需要的人提建议。为了使你的报告可信，你必须使用合适的专业词汇，引用正确的信息，找到正确的证据，并以正确的方式加以讲解，所有这一切全都要有正确的格式。更重要的是你的报告必须有一个核心：帮助决策者知道如何解决问题。这类研究在现实世界中普遍存在，但在学术研究中比较少见。

2.2.3 我给一个重要问题找到了答案

虽然学者们有时会给环境保护局提建议，但更常见的情形是帮助学术团体更好地理解某个事物。他们的研究发现，可以供另外一些人去解决实际问题——例如，素数分布研究成果可供密码专家设计难以破译的密码之用。但素数研究的目的不是去解决如何保守秘密的实际问题，而是理解有关全部素数的问题。有些研究人员称这是“纯粹”研究，有别于“实用”研究。

老师偶尔也会虚拟出涉及观念问题的“现实情况”：政治学教授请你替参议员做一次实习研究，研究一下州外学生的投票习惯。但在更多的场合，老师们希望你扮演目标角色：在研究学会里做讲演，台下的研究人员有兴趣更好地理解一些问题。例如，你有关 14 世纪西藏编织的报告可以帮助地毯设计人员卖更多的地毯，但主要目标是帮助学者们更好地理解西藏的艺术，回答诸如“14 世纪的西藏艺术如何影响现代中国的艺术”这样的问题。

2.3 想象读者的角色

你与读者可能存在三种关系——我有信息提供给你；我能为你解决问题；我能让你更好地理解事物。但你必须让读者扮演辅助性的角色，请他们一起来完成一份社会契约：如果我完成我的那部分责任，你也要完成你的那部分。但这意味着你要理解他们的角色。如果读者不接受你让他们扮演的角色，你很可能就不会有读者了。有句老话“替你的听众着想”，它的意思是你必须把研究报告写得能感动你的读者，这样，他们才能扮演你希望他们扮演的角色。

假定你是一位气球飞艇方面的专家。你受邀与三组读者分享你的研究成果，但这三组读者的兴趣各有不同。这三组读者将如何对待你的研究成果，取决于你如何想象每个组的需要，取决于你是否满足了他们的需要。为此，你必须先理解他们的需要和意愿，才能知道他们能为你做什么，然后才能引导他们自愿地为你做事。

2.3.1 给我娱乐

假定邀请你去讲话的第一组是本地的飞艇俱乐部，其组员不是专家，但他们知道许多有关飞艇的事。他们读过有关飞艇的资料，访问过飞艇历史遗迹，收集飞艇纪念品。你想分享一些你祖父奥托遗留下来的信件，这些信件描绘了他在 1936 年乘坐飞艇飞越大西洋的情况，其中包括几幅照片和当时用过的菜单。他在信中谈到了晚餐吃的烤生蚝，还讲了一个为什么要做这场旅行的有趣故事。

在为讲演做准备时，你考虑到这次讲话的关键是谈论飞艇的趣事。你为了把讲演做好，决心提供一些让他们感兴趣的东西——传说和推测，甚至可以是谣言。你不会演示幻灯片，不会展示数据，不会引用学者的资料，因为你不需要证明你说的是正确的。你的读者扮演的角色就是充满兴趣地听你讲，问一些问题，或许还能分享一些他们自己听说的轶事。你不必害怕他们会质疑你那封奥托祖父的信的真假，他们也不会质疑你的那几张照片是否真的与飞艇的历史有关，不会质疑氢气球旅行是否真的可能。你的任务是把讲演做得引人入胜；而读者的任务是愉快地听你讲。

一些研究新手想象自己的读者来自一家飞艇俱乐部，热衷于飞艇话题，渴望听到任何有关飞艇的事。这样的情形，专家有时会遇见，但需要碰上合适的读者群（见后面的信息框）。那些学习做严肃研究的学生极少会遇到类似的情形。老师希望你不仅要报告你发现了什么，还要求你指出如何利用你的发现。

2.3.2 帮我解决一个实际问题

假定次日早晨你要与一家名叫“真实生活”的电影公司的人见面。他们计划拍摄一部有关 1936 年飞艇飞行的电影，希望你帮助他们确保历史细节正确，其中有一场景是在飞艇餐厅里的。他们想知道餐厅是怎样布置的，人们吃什么，菜单是怎样的……类似的问题还有许多。他们不关心你的材料是否新颖，但必须是恰当的，这样才能让场景真实。你向他们展示了照片和菜单，介绍了你祖父吃的生蚝，但你没有说祖父为什么去旅行的事。为了扮演好这个角色，你必须帮助他们解决一个实际问题，但问题的解决可能并不需要你使用你拥有的全部数据，也并不一定要求是最近的，而是恰当就行。所谓的恰当，就是要与问题的本质相关，且你能证明这些数据的来源是可靠的。你的读者将会认真倾听，且还会提出质疑，因为他们想获得恰当的细节。

如果老师让你去解决一个“现实情况”，你就会面对上述情形——例如，为环境保护局的官员写一份如何清理一个受污染湖泊的报告。学者们有时需要处理这类实际问题，但他们另有一类更加常见的问题。所以，仅在老师让你解决实际问题时，你才去谈实际问题；否则就先跟老师商量一下（我们将会在第 4 章里比较详细地讨论实际问题）。

2.3.3　帮助我更好地理解

现在假定你的读者是泽泊大学氢气球研究系的教师。他们已经钻研过飞艇的各种知识，研究过其经济性和空气动力性，参与了世界各地有关飞艇历史和社会意义的对话。他们与其他飞艇学者展开竞争，推出许多新研究成果，他们的理论出现在专业杂志上和书籍里，供同业者阅读。

这些学者邀请你来讲你的专长：飞艇在 20 世纪 30 年代的旅行史。他们不需要你用新故事逗他们高兴（他们当然喜欢听你说新故事），也不需要你做什么（你如果能为他们找到给“真实生活”电影提供咨询的工作，他们会很高兴的）。他们想让你提供一些新证据，帮助他们更好地理解飞艇旅行的社会史。如果你广泛地谈谈气球文化，就更好了。

因为这些气球学者极为渴望了解飞艇的真实情况，他们希望你能以客观的、严谨的态度全面研究各种细节。如果不能提供确凿的证据，他们会拼命质疑你；如果你没有好的答案，他们会在会议休息时折磨你，不仅是挑战你，而且态度不友好（当然是少数人），但他们的目的是尽量搞清楚 20 世纪 30 年代飞艇的情况。如果你提供像祖父奥托的照片、菜单那样的新证据，他们会乐于接受，但他们想知道为什么这些证据是重要的，或许他们还要质疑其真实性。

总之，他们认为理解飞艇的情况比你祖父的旅行更重要，除非你的证据能帮助回答有关飞艇的情况，他们并不真正关心你祖父的文件。如果你能让他们发现他们其实不懂飞艇的历史，或你纠正了他们的错误认识，他们会特别感激你的。如果你做不到这点，他们甚至不会说否定你的话（我们都能忍受这点；有些人甚至喜欢被人否定），而是会更加不友善地说：我不感兴趣。所以，你的开场白是：

由于受几种跨大西洋飞艇食品研究的影响（特别是施密特在 1986 年和克勒普弗在 1998 年的研究），我们错误地以为飞艇上不能用明火做饭，因为害怕引发爆炸。但我最近发现了1936年7月12日“兴登堡”号飞艇上的菜单，这份菜单说明飞艇上可以烤生蚝吃……（然后，你解释为什么这件事很重要。）

这就是你与学者社团交流研究成果时将会遇到的那种对话。你必须替他们着想：他们不在乎你是否有风度（如果你有风度，自然更招人喜爱）；别用你叔祖父的传闻逗我（如果你的传闻能帮助我理解你的意思，我乐于听）；你知道的是否能使我变富裕，我感到无所谓（变富裕当然好）。你只需告诉我一些我们共同感兴趣的新知识就行。

谁关心？

学者常被人嘲笑研究一些深奥难懂的课题，只有他们自己感兴趣。这样的指责大多数是不公平的，但有些学者似乎喜欢研究没有什么意义的问题。威廉参加了一次博士生论文答辩会，答辩者发现了大量欧洲人类学家遗留下来的电影胶片，这些胶片是20世纪在非洲和亚洲拍摄的。这些胶片，以前没有人看到过，这让答辩委员会的学者们欣喜若狂。威廉问那位博士生：“我们怎样更好地理解这些电影胶片？”那位博士生仅回答说：“没有人曾经看到过这些胶片。”威廉换了其他几种方式再问，仍然没有获得答案。另一方面，研究电影的学者们不以为然（他们认为威廉的问题很幼稚），因为他们觉得这批胶片改变了他们对早期电影的看法。无论如何，他们就是喜欢老电影。

所以，有时仅凭借新获得的数据无法打动读者的心。如果这位博士生希望写点什么吸引少数几位专家，而不是泛泛地讨好所有人，她就不能只停留在看上去新鲜的材料上。

那些从事学术研究的读者肯定会扮演这第三种角色的。他们觉得你应该保持学者的契约精神：学者的兴趣是掌握更多知识、更好的认识。可以肯定，化学系和哲学系的老师对飞艇没有什么兴趣，对飞艇上的饮食就更没有兴趣了（你信他们竟然研究氦气大厅吗？），但你也不关心他们的兴趣。你要关注的是一个特殊的读者群体，他们有特殊的兴趣和目标。在看了你提供的证据之后，他们获得了新知识。那就是研究人员和他们的读者必须建立起来的社会契约关系。

小建议：如何理解读者

如果你从研究工作一开始便想着你的读者，你一定会变得更加了解他们。下面的几个问题，你要力争尽早做出回答。当你开始做研究计划和修改论文时，你还需要回顾这些问题。

1. 谁会读我的研究报告？

- 专业人员会要求我遵循所有学术惯例并使用标准报告格式吗？
- 读者都很有见识吗？
- 读者群对这个话题知之甚少？

2. 他们希望我讲什么？我应该：

- 让他们高兴？
- 提供新事实？
- 帮助他们更加深入透彻地理解问题？
- 帮助他们解决一个实际问题？

3. 他们对这个话题的理解有多少?

- 他们知道什么?
- 他们是不是已经知道这个研究题目了?
- 他们是不是还没有意识到有这样的问题?
- 会不会出现他们不认为这是个问题，仅我认为是的情况?
- 他们对问题的态度是严肃的吗? 需要我说服他们吗?

4. 读者会对我的研究结论/我的主要观点做何反应?

- 我的结论是不是跟他们已知的相矛盾? 在哪方面?
- 他们会认真地跟我辩论吗?
- 他们想知道我获得结论的步骤吗?

第二部分

提问题，找答案

Asking Questions, Finding Answers

开篇：制定研究计划——概述

如果你已经浏览过本书，那么就可以开始你的研究项目了。如果你有问题要研究，又知道如何寻找答案，你可以快速地浏览下面两章；然后认真阅读此后的几章，因为那几章对你的研究有帮助。但如果你从头干起，又没有什么话题做引导，你可能会感到迷茫。而如果你制定了一份计划，根据计划按部就班地做，你便有可能完成研究项目。

如果你是从头做起，你的第一项任务是找到一个值得研究的疑问，让它引领你找到值得去解决的研究问题。为此要完成四个步骤：

1. 找到一个足够具体的话题，这样你才能在有限的时间内掌握足够多的信息：例如，你不可能翻阅历史上所有的科技论文，但可以为一篇现代论文翻阅英国皇家学会在1675–1750年间的论文；不要去寻找17世纪喜剧中所有医生的形象，可以去寻找莫里哀在早期三部喜剧中所嘲笑的医生形象。

2. 就那个话题提出疑问，直到找到一个令你感兴趣的疑问为止。例如，皇家学会早期作者是如何证明他们的证据的合理性的？或为什么莫里哀要嘲笑医生？

3. 预估读者需要怎样的证据才会支持你对疑问的回答。读者会接受从第二级资料中获得的证据吗？或者他希望你找到第一级资料？（见5.1.1）

读者希望看到数据、权威人士的说法、第一手观察资料吗？

4. 预估你是否能找这样的证据。除非你能找到恰当的证据，否则你根本不要针对某个话题做研究。

一旦你觉得你有足够的数据，足以支持你对疑问做出可信回答，那你就可以开始进行论证工作（见第三部分），然后制定写作计划、写草稿、修改草稿（见第四部分）。

不过，你会发现实际研究过程无法严格按上述步骤执行。为了搜集证据，你必须给你研究的疑问一个初步答案。如果你觉得自己的论证是有价值的，你可能会在一组新参考文献中去寻找不同的证据。另一种可能性是换话题。做研究不同于日常散步，悠闲地走向目的地；或许更像是在穿越崎岖的森林，有时还会遇到迷雾，等看到了目的地，你才知道自己走到了。即使你走岔了路，只要你根据实际情况不断修正前进路线（有时是决定不走某条路线），你肯定还是能走到目的地的。

你有什么证据？

无论研究领域为何，研究人员把搜集到的信息做证据去支撑他们的观点。但不同领域的研究人员对搜集到的信息有不同的称呼。我们称之为“数据”。我们说的数据，不仅是自然科学家和社会科学家搜集到的数字，而是你在“外界”找到的任何有助于你回答研究疑问的东西。在人文学科中，这个词用得比较少，但他们其实也在搜集数据，只不过数据的形式是引文、历史事实等。数据是被动的，但你可以用数据证明你的观点，再用观点回答你的研究疑问。只有在这种情况下，数据才变成了证据。如果你没有足够的数据可用于做证据，这意味着你没有搜集到足够的证据（数据是多种信息项的集成）。

研究工作的写作量很大。大部分写作是日常的笔记，但写笔记时要有思考，这样做有利于理解：解释你为什么不认同一份资料；把不同的数据画在同一张图中，揭示数据间的关联；给参考文献、作者的职位、所在学校写综述；记录突然想到的想法。许多研究者发现写研究日志很有用，可以把直觉、想法、问题等等写入日志中。因为这些东西无法写入你的研究报告。如果你能每天都写日志，等于在激发自己最好的判断性思维，让你更好地理解资料，最终使你更加顺利地写完论文。

小建议：创立写作小组

孤单是学术研究的缺点。除非有研究团队，你大部分时间是在独自阅读和写作。但你可以改变这种状况。你可以在指导老师之外找一些可以帮助你的人，让他们听你汇报进展，阅读你的手稿，或者仅是催促你尽快写作。他可以是一个普通朋友，但更好的是另外一个论文作者，你们之间可以相互交流思想、互相阅读对方的手稿。

最好是四或五个人组成一个小组，各自有研究项目，大家定期见面，相互阅读他人的论文。最初几次会上，每个人要简短地说一句包含三项内容的话：我在研究 X，正想找到有关 Y 的情况，这样你们就能更好地理解 Z（详见 3.4）。根据研究工作的进展，你要编出一段“电梯间故事”，就是要在乘坐电梯去开会的路上把自己的研究项目介绍给他人听。你可以讲你要研究的问题，或你的初步答案，或你打算使用的证据。在会上，小组成员可以继续提问，你给予回答，他们也可以给你提建议。

不要光谈自己的事。你要谈读者的事：为什么他们应该对你的研究问题感兴趣？他们会怎样回应你的论证？他们相信你的证据吗？他们想到了其他证据吗？这些问题可以帮助你提前准备好如何满足读者的期待。当你陷入困境时，其他组员能帮助你想办法。在后期，为了推测最终读者会如何看待你的研究报告，你可以请小组成员阅读你的大纲或草稿。如果你不改正小组成员对你草稿指出的问题，最后读者也会指出。对大多数作者而言，有纪律的写作小组最有价值。由于你必须向小组做报告，所以你能比较容易地按时完成研究项目。

写学位论文的人常组成写作小组。但写学位论文的规矩与写课题报告不同。有些老师认为写作小组提供的帮助太多对学生不利，所以需要先搞清楚你的指导教师允许什么。

第 3 章　从话题到疑问

在本章中，我们谈论如何在你众多的兴趣中找到一个话题，再把它限制在一个相对合理的范畴内，然后不断提问，从中找到可以指导你进行研究的问题。如果你是一位有经验的研究人员，你可以不读本章，直接去读第 4 章。但如果这是你第一次做研究项目，本章对你有用。

如果你是研究新手，挑选研究题目的自由度之大能让你感到害怕。从哪里开始下手呢？选择哪个话题好呢？没有经验的研究人员总是在想是否能多找到一些有关这个话题的信息，然后再开始写论文。而实际情况可能令他们震惊，他们很有可能已经搜集了太多的信息，而大部分却没有用途。这是因为他面对话题缺少重点。话题没有重点，你搜集的任何证据在读者眼里可能仅是一堆胡乱堆放的事实。在开始一个研究项目时，你需要在一个学科内选定一个话题。学科是一个广泛的知识体系（比如气候变化），话题是学科内引发人们兴趣的事（比如气候变化对鸟类迁徙的影响）。但选话题可不简单，不是把学科划分成小块就行了。话题是学科中一条特殊的探索路径，沿着这条路径，你能回答读者关心的问题。

任何一个研究社团都有一些“悬而未决”的疑问，大家都在争论和研究它们。例如，有人羞怯，有人喜欢冒险，他们的特殊性格是学来的，还是遗传决定的？但有些疑问仅能引起研究人员的注意。为什么猫在我们面前抹脸？为什么咖啡渍干了后呈环形？许多研究人员就是这样开始他们的研究工作的——不是吸引某个领域内所有人的大疑问，而是某个研究人员感到百思不得其解的一个小疑问。如果有什么小疑问令你百思不得其解，你就可以开始研究它。但在某个时刻，你必须决定回答那个小疑问是否能解决一个对某个研究社团来说重要的问题，或者你的研究是否能改变公众的生活。

疑问或问题？

你或许已经注意到了，我们在前面的讨论中并没有严格区分“疑问”和“问题”这两个词。但这两个词是不一样的。有些疑问能成为问题，另一些不能。一个疑问可以上升为一个问题，如果不回答这个疑问，我们将损失某种比不回答那个疑问更为重要的东西。例如，如果我们不能回答世界上是否有终极粒子这个疑问，我们就无法知道物质存在本质这个更加重要的问题。相反，如果回答了一个疑问，但没有明显的后果，这个疑问就不能上升为问题。比如，林肯的大拇指是否比他的鼻子长？实在看不出知道了这个疑问的答案能带给我们什么。至少目前看是如此。

但问题这个词值得讨论一下。一般说来，有问题意味着有麻烦，但对研究者来说，问题有特殊的意义，我们将在下一章中讨论。但在你决定研究什么问题之前，你需要在话题中找到一个可供研究的问题。所以，我们先讨论什么是话题。

3.1 从兴趣到话题

我们大多数人的兴趣太多，但初次做研究的人很难在他们的兴趣中选定一个话题，并真正地花精力把它变成一个有实质内容的研究项目。他们或许解释说这是经验不足所致。但只要你肯在某个兴趣上花足够的时间，成为一个周围人心目中的专家，你就有了一个研究话题。而这不等于你已经有了大量相关知识，也不等于你要比老师和同学知道得多。你只需要想知道比你现在知道得更多就行了。

如果你能研究任何话题，我们的忠告是：选择令你最感兴趣的那个。只要你下决心做好某事，你肯定能做出高质量的工作。但你必须还要问自己：我为什么会对研究这个问题感兴趣？其他人会感兴趣吗？

3.1.1 写作课上的话题

首先，尽可能多地罗列出你愿意深究的兴趣。罗列时，不要太局限自己，有可能引起老师注意的或凸显你研究热情的兴趣都可以罗列下来。要开动你的思想。积极地问一问朋友、同学、老师，听一听他们对什么话题感兴趣。如果仍然没有想法，可以去看看本章后面的小建议。

在罗列完话题后，你可以从中选出一个或两个能充分显示你研究潜力的话题。要注意：

- 在图书馆里查阅《今日研究话题》这样一般性的指南手册，可以略过副标题不看。在学术期刊数据库通过主题词搜索你的话题。如果你的话题已经比较具体了，你可以去一些比较专业的索引中寻找，比如“国际女性研究论坛”。有些图书馆保存着纸质的研究报告索引，而如今大部分人去查阅在线版本了，但不是所有的索引都能让你浏览到文章的标题（我们在第 5 章中要讨论这些资源）。
- 在互联网上，用谷歌搜索你的话题，但要有选择地阅读。去图书馆找资料前，先在网站上找一找，比如去在线百科全书网站看看。泛泛地读一读内容，把参考文献抄录下来，为日后详细研究做准备。利用维基百科网站，寻找思路和参考文献，但你必须认真阅读参考文献，核实网站中的内容。

在有经验的研究人员中，很少有人信赖维基百科网站，所以根本不会有人把它作为一种值得信赖的资料源（除非你的话题就是维基百科网站本身）。

● 请注意，你此时正在发掘一个话题，活跃思维，看看是否有研究前途。怀着这样的目的，你还可以去博客里寻找思路，那里有各种各样的议题。由于大部分议题很大，难以用研究论文的方式说清楚，所以你要去找大议题中的小细节。如果你不同意某人的观点，你便可以开始研究了。

3.1.2 在某个特定领域里寻找话题

根据课程需要，罗列出你感兴趣的专业话题，然后从中选出一个或两个比较有希望出成果的。如果选出的话题比较宽泛，比如说你选择了宗教面具这个话题，它确实太宽泛，这时你需要多阅读一些相关的资料，争取使之细化。但阅读要有计划：

● 在图书馆里浏览百科全书或网上的百科全书。可以先选择浏览大不列颠百科全书。然后再去阅读比较专门的百科全书，比如宗教百科全书或斯坦福哲学百科全书。

● 浏览专业文献索引：哲学家论文索引、《心理学摘要》、《女性研究摘要》。研究别人论文的副标题，看看他们是怎样展开话题的。

● 在谷歌中搜索你的话题，但要有选择地阅读搜索结果。可以使用谷歌学术搜索，它搜索的结果偏重学术文章和书籍。浏览搜索出的文章，特别是罗列出的参考文献。

如果你对话题有一般性的了解，又看到其他人是如何缩小话题范围的，你可以试着按照自己的思路缩小话题范围。如果你做不到，那就不断浏览杂志和网站，直到有清晰的看法为止。这是个很花费时间的过程，你要尽可能早地开始这项工作。

3.1.3　高年级学生的研究话题

高年级学生在自己的专业领域内已经形成了兴趣。他们越深入了解自己的领域，就越容易找到研究话题。如果实际情况并非如此，你要把重点放在你感兴趣的话题上，但你要记得最终必须说服其他人也感兴趣。

● 寻找其他研究人员对什么感兴趣。针对你关心的兴趣，看看专业人士在网上和档案中有怎样的讨论。联机检索或翻阅像《美国的高等教育纪事报》这样的报纸和杂志，查看会议布告、征文启事等反映其他人兴趣的东西。

● 浏览你所在领域里新出版的杂志，不仅浏览其中的文章，还要浏览会议公告、征文启事、评论。在图书馆的在线数据库中浏览你关心领域最近发表的文章（例如，语言文学在线资源库）。

● 重点研究一下你所在图书馆里资料比较丰富的类别。例如，你附近的图书馆保存了一些非常有意思的罕见文件，你不仅可以将此视为一个话题，而且可以试着去解读。你能在图书馆的书库里找到许多出人意料的发现。

3.2　话题从宽到窄

话题是做研究最好的出发点（希腊语里，话题有“地点”的意思）。从这个出发点，你可以沿着某个方向前进，把宽泛的话题细化为一个更加具体的话题，这样比较容易出研究成果。此时，你最有可能犯的错误是话题太宽泛，就跟图书馆的目录类别一样：空间飞行、莎士比亚的戏剧问题、自然规律。如果话题仅包含四或五个词，便很有可能是太宽泛了：

托尔斯泰的自由意志

商业航空的历史

如此宽泛的话题，阅读量很大，只读其中一小部分就要消耗大量时间，你根本不可能有什么发现。所以，你必须缩小话题的范围：

托尔斯泰的自由意志 → 托尔斯泰在《战争与和平》里所描述的三场战役中的自由意志和必然性之间的冲突

商业航空的历史 → 在商业航空初期，军队对DC-3飞机的发展贡献

为了缩小话题的范围，我们给话题增加了一些特殊的修饰词：冲突、描写、贡献、发展。这几个词的特点是都包含了动作：相互冲突、描写过程、贡献力量、使事物发展。没有这些“动作”，你的话题是静态的。

请注意我们把静态话题变成句子后的效果。话题（1）和话题（2）几乎没有发生改变：

（1）托尔斯泰的自由意志【话题】→ 托尔斯泰的小说中有自由意志。【观点】

（2）商业航空的历史【话题】→ 商业航空有历史。【观点】

事实上，（1）和（2）都不是话题，因为没有什么值得继续谈论下去。但（3）和（4）修改成句子后，读者可能会觉得有兴趣。

（3）托尔斯泰在《战争与和平》里所描述的三场战役中的自由意志和必然性之间的冲突【话题】→ 在《战争与和平》中，托尔斯泰描写了在三次战役中自由意志和必然性之间的冲突。【观点】

（4）在商业航空初期，军队对DC-3飞机的发展贡献【话题】→ 在商业航空的初期，军队对DC-3飞机的发展提供了帮助。【观点】

这两个观点表面看似乎琐碎，但在研究过程中，你会找到大量证据。所以，话题真正的重要性在于你用它去指导研究工作的方向。

请注意：话题也不能过于狭隘，致使你找不到什么可用的信息。有关商业航空的信息是大量的，但有关 DC-3 军用运输机翼尖长短设计问题的信息很少（至少初级研究人员无法找到相关信息）。

3.3 从窄话题到疑问

一旦找到窄话题，许多研究新手马上就会犯新手常犯的错误：立即开始钻研有关这个话题的所有参考资料，把所读到的全写入笔记。有些人觉得研究“阿拉莫战役的政治根源”是一个好话题，于是就搜集大量有关这次战役的史料：战役情况、得克萨斯独立革命的历史、教士大院的建筑平面图、军事指挥官桑塔·安纳和萨姆·休斯敦的自传。他们搜集各种笔记、综述、交战双方异同的描写、冲突的故事、历史学家的见解等等。这些资料全被放入一篇论文之中，于是我们能看到许多双方异同的描写……

许多中学老师给这样的论文以高分，因为它表明作者能集中精力做论文，能把大量搜集到的信息汇编成文章，这不是一个小成绩——特别是对第一篇论文作者来说。但在大学里，这样的论文是不合格的，因为有可能会被视为东拼西凑的大杂烩。如果论文作者没有提出有价值的疑问，他对问题的解答是不值得支持的。由于没有一个可供支持的解答，作者便不能从搜集到的数据中挑选出与解答有关的数据。确实，着迷于埃尔维斯·普雷斯利电影海报的人，或着迷于第一代计算机游戏的人，他们会饥不择食般地接受新东西，无论那东西有多微小。但严肃的研究人员，从来不为自己写文章，而是去回答他们认为有价值的疑问（他们希望读者也这样看）。

所以，当有了窄话题后，最好的工作方式不是去搜集所有能搜集到信息，而是针对话题提出一系列疑问，用疑问指导你去判断为回答疑问需要什么样的信息。

首先，像新闻记者那样提问：谁、什么、何时、何地，但要比记者们更加重视“如何”和“为什么”这两个问题。你可以动用自己的判断性思维能力，针对你的话题，系统地在历史、组成、类别方面提出疑问。如果有其他方面的疑问也可以提出，或者在参考资料中找。记录所有提出的疑问，但不要急于为回答某个吸引你的疑问而停止提问的过程。保存这些疑问，有助于你继续寻找有用的信息，帮助你理解找到的信息（你可能会觉得疑问的类型比较简单，但不要为此担心，因为这样做就是为了激发你不断提问，帮助你把疑问的答案组织好）。让我们再看看前面提到的面具的例子。

3.3.1 针对话题的历史提问

● 这个话题在更大的发展进程中的地位如何？为什么会有这个话题？面具出现前是怎样的情况？面具是怎样被发明的？为什么？面具之后可能会出现什么？

● 话题自身的发展史是什么？在不同时期，这个话题如何又为什么会发生变化？美洲原住民的面具是怎样演变的？为什么？万圣节的面具是怎样演化的？万圣节面具在社会生活中的作用是什么？克奇纳神面具的大流行是怎样影响传统面具设计的？为什么面具能使得万圣节变成美国仅次于圣诞节的第二大节日？

3.3.2 针对话题的结构和组成提问

● 你的话题是如何融入更大话题的语境结构中的？或者它是如何在更大系统中发挥作用的？面具怎样反映不同社会和文化中的价值观？面具在霍皮族舞蹈中的作用是什么，在恐怖电影中的作用是什么，在化装舞会中的作用是什么？除了伪装外，面具还有什么作用？

● 各部分是怎样构成了一个系统的？霍皮族的仪式中，面具起到的最大作用是什么？为什么有些面具仅护住眼睛？为什么有些面具仅护住脸的下半部？面具的颜色有何作用？

3.3.3　针对你的话题分类提问

● 你的话题如何分类？面具存在多少类别？万圣面具类、非洲面具类？如何根据外形分类、根据地理和社会意义分类？面具有什么不同属性？

● 你的话题跟其他类似话题如何进行比较？美洲原住民的面具跟日本的面具怎样比较？万圣节面具与狂欢节面具如何进行比较？

3.3.4　把正面疑问转化为反面疑问

● 为什么有些节日不用面具？比如说总统日、阵亡战士的纪念日？美洲原住民的面具为什么与非洲的不同？哪些地方的宗教仪式不重视面具的作用？

3.3.5　问“如果……那会怎样”式的推测性问题

● 如果你的话题不存在，那会怎样？如果把你的话题放入另一个截然不同的语境中会怎样？如果人们仅是为了安全原因才戴面具，结果将会如何？如果街上的人全都戴面具，结果将会如何？如果习俗规定男女初次约会要戴面具将会如何？在婚礼上戴面具如何？在葬礼上戴如何？为什么非洲宗教仪式中面具常见，但西方却没有？为什么猎人的伪装不是面具？戴面具跟整容一样吗？

3.3.6 向参考资料提出的疑问

你只有在阅读了一定量的参考资料之后，才有能力提出这样的疑问。你跟参考资料意见一致时，可以提下述疑问：

- 如果你认为一种参考资料的观点有说服力，问一问是否能扩大那个观点的适用范围。伊莱亚斯发现18世纪伦敦流行戴面具参加舞会，因为当时社会流动性大引发焦虑。威尼斯是否也存在类似的焦虑呢?
- 问一问是否可以用新证据去支撑那个观点。伊莱亚斯是根据公开发表的参考文献做出他的判断的。信札和日记是否支持他的判断?
- 针对参考资料对类似话题提出的疑问，问一问类似的问题。史密斯从经济学的角度分析了习俗问题。用经济学分析的方式分析面具问题，分析结果会如何?

你跟参考资料意见不一致时，可以提下述疑问：

- 马丁内斯声称，狂欢节面具的特点是用来逃避社会规范。但如果把面具看作整体，面具给人们创造出另一种不同的社会规范或精神生活的感受，这是否是一种更大的模式?

我们在6.4中将会详细讨论如何表达与参考文献相反的意见。

如果你是一名有经验的研究人员，寻找其他研究人员提出的但还没有被解答的疑问。许多论文在最后几段罗列出悬疑，提议对这些疑问进行研究（参见4.3.2）。你可能没有能力去研究他们提出的所有疑问，但研究一部分是可能的。你还可以去互联网的论坛看看，“潜伏”着去理解论坛里正在讨论的疑问。把那些引发你兴趣的问题记录下来。如果你有既具体又明确的疑问，也可以提交给论坛讨论。

3.3.7 评估你的疑问

在穷尽了你能想到的疑问之后，你要对它们给予评估，因为疑问并非全部都好。挑选那些能使你的话题显得有新意的疑问（理想情况是读者也这样认为）。避免如下的问题：

- 疑问的答案是已成事实。因纽特人在婚礼上戴面具吗？怎样和为什么这两类疑问引发比较深层次的思考，而谁、什么、何时、哪里这几类疑问引发的思考比较浅。思考深度越深，疑问的答案越有趣。
- 那些答案仅是推测的疑问。如果参加教堂礼拜的会众都戴面具，是不是人们会满意？如果你找不到确凿的数据回答某个疑问，你是给不出确切答案的。
- 有些疑问是没有答案的。阿拉莫战役前夜，有多少只黑猫在睡觉？很难想象这样的疑问会帮助我们理解有价值的大问题，所以不必去问这种不值提出的疑问。

当然，你也有可能犯错误。有些疑问看似小，甚至有点傻气，但意义重大。有一位研究者好奇为什么溢出的咖啡干燥后总是留下一个圈，他因此发现了液体的一些性质，其他人觉得这些性质很有意义，比如印刷商就认为有价值。所以，没准阿拉莫黑猫的疑问也很有意思，你只有研究一番，才能知道后果。

一旦你有了几个有潜力的疑问，你可以试着合并成比较大的。例如，许多有关阿拉莫的疑问涉及讲故事的人和他们讲故事的动机：政客如何使用这些故事？讲故事人的动机发生了怎样的变化？每个故事的目的是什么？这些疑问可以合并成为一个疑问：

那些利用阿拉莫故事的人，是如何又是为什么给故事披上神秘色彩的？

这样的疑问指引你做研究工作（帮助你避免搜集无用的信息）。之后，你要开始考虑读者是否会认为你的疑问有意义。

3.4 最重要的疑问：那又怎样？

即使你是一位有经验的研究人员，不动手做研究工作，或许也不能确定研究方向。对新手来说，确定研究方向是很困难的事。然而，虽然你有了一个感兴趣的疑问，也必须下狠心问一问：那又怎样？尽管你有兴趣，而为什么别人也会觉得你的疑问值得回答？你很可能一时无法回答这个“那又怎样”的疑问，但这个疑问是你必须思考的，它确实很难说清楚，所以你要及早思考这个问题，因为它迫使你不仅关注自己的兴趣，而且迫使你考虑你的研究工作怎样打动他人的心。

考虑一下这种情况：如果不去回答你的疑问，有什么损失吗？不回答那个疑问，会怎样使我们失去获取新知识的机会？你要从一开始就问“那又怎样”这个疑问：

如果不知道蝴蝶冬天去哪里，我们会损失什么？如果不知道15世纪音乐家怎样调弦，我们会损失什么？不知道为什么要神化阿拉莫战事，我们会损失什么？

你可能会回答说什么都没损失，我就是想知道。这样的回答在研究刚开始的时候是不错的，因为你的读者最终也会提出同样的疑问。你的好奇算是一个答案，但他们不满足于此。所有研究人员，包括新手和老手，在回答“那又怎样”这个疑问时都会感到烦恼，因为很难预知其他人在听到答案后是否满意。但你的研究项目必须回答这个疑问。为此你可以采取三个步骤：

3.4.1 给话题命名

如果你想就某个话题展开研究，且好像找到了一两个好的疑问，那你的第一步可以是给研究项目起一个名字：

我想了解 / 研究 ____________。

在空格处填入你的话题的名字，虽然只是由几个从动词演化出的名词组成：

我要研究北美大型哺乳类动物消失的原因……

我在研究林肯的宿命论对他理性的影响……

3.4.2 第二步：提出一个间接疑问

用一个间接疑问表明你目前不知道的事或不理解的事：

1. 我研究 ____________，

　　2. 因为我想知道谁 / 什么 / 何时 / 何地 / 是否 / 为什么 / 如何 _____。

1. 我在研究北美大型哺乳类动物消失的原因，

　　2. 因为我想证实它们是被猎杀的……

1. 我在研究林肯的宿命论对他理性的影响，

　　2. 因为我想知道他的宿命信念是怎样引发美国内战的……

由于增加了这个间接性问题，你就说明了自己为什么要去研究那个话题：告诉他人回答这个疑问对你很重要。如果你是一个研究新手，又达到了此种境界，你可以祝贺自己，因为你避免了无目的搜集数据。如果有可能，你可以再往前走一步。这一步，研究老手都知道是必须做的，因为研究结果总归要被相关领域的读者判定是否有意义。所以，任何研究者必须回答“那又怎样”这个问题。

3.4.3 第三步：回答“那又怎样”这个问题

这一步让你明白你的疑问不仅使你感兴趣，也使其他人感兴趣。为此，你在第一个间接问题之后，再继续问另一个间接问题。这第二个问题是为了帮助读者理解如何、为什么、是否这三个问题的：

1. 我在研究北美大型哺乳类动物消失的原因，
   2. 因为我想证实它们是被猎杀的，
      3. 我的目的是帮助我的读者理解当时土著并非和谐地与自然界相处，或许是在毁坏自然界。

1. 我在研究林肯的宿命论对他理性的影响，
   2. 因为我想知道他的宿命信念和对上帝的信仰是怎样引发美国内战的，
      3. 我的目的是为帮助我的读者理解林肯的宗教信仰可能会影响他的军事决策。

你的希望是用第三步的间接问题去抓住读者的兴趣。如果这个问题触及了你领域中的重要问题，虽然问题是间接的，但你的读者应该会关注其答案。

一些高级研究人员选定的初始疑问，是他们那个领域里的人早就关切的：为什么北美那些巨大的树懒和猛犸象会消失？或者是遗传病引发的？但有很多研究人员在快结束第一稿前还不能回答那第三个疑问，本书的五位作者当初就是这样。所以，你在启动研究工作时，不要犯错误，要很好地回答那第三个疑问——那又怎样？但你有可能在完成了研究项目时仍然没有很好地回答这个问题。如果你在做高级研究工作，你必须回答那个疑问，因为只有回答了那个疑问，你才有资格与研究社团的成员进行交流。

你可以经常同你的朋友或室友谈论你在上述三个步骤上的进展，这等于是在检查你的工作进度。即使你做不到充满信心，你也能知道自己的状况，明确未来的方向。总之，你的目标是解释：

1. 你在写什么——我写的话题是……

2. 你不知道的东西——因为我要发现……

3. 你为什么想让读者知道——为的是让读者更好地理解……

在下面几章里，我们还要继续讨论这三个步骤及其相关的疑问，因为它们不仅对找到研究问题是重要的，而且对形成你希望读者看重的研究问题也是重要的。

小建议：寻找话题

如果你是研究新手，我们给你的建议是先搜索互联网，浏览书籍索引（见3.1）。如果你仍然没有想法，可以试一试下述几个步骤。

一般性感兴趣的话题

- 你的特殊兴趣是什么——航海、国际象棋、养鸟、旧连环漫画册？兴趣越奇怪越好。然后，研究一下其鲜为人知的东西：起源、技术、在其他文化中的情况等等。

● 你想去哪里旅行？浏览互联网，寻找有关目的地的所有信息。有什么特别的方面让你吃惊？你为什么想知道更多？

● 逛一逛展览会，看看有什么吸引你的东西——手工艺品、恐龙、老爷车。如果你不能亲自去展览会现场，就在互联网上“虚拟”逛一逛。挑选一个令你感兴趣的东西。想一想还希望知道它更多的情况吗？

● 逛一逛大商场或商店，自问一下，为什么要这样设计？谁设计出了这些产品？

● 翻阅一下星期日报，特别关注一下特写部分。浏览报纸和互联网上的书评或影评。

● 浏览一下长长的杂志架。看看商业类杂志或专业杂志。寻找那些引发你兴趣的杂志。

● 听访谈广播或电视上的访谈节目，记住你不同意的观点。在网站上寻找你不同意的观点，试着写下你反对的理由。

● 用搜索引擎寻找有关你的话题的网站，包括个人的微博或机构的博客。你会找到数百个，但仅关注使你感到惊奇的那些。

● 你是否觉得公众有错误信念？你是否觉得公众有些行为举止很荒谬或令你气愤？研究一下，提出反对意见。

● 你将要参加哪一门课程？为准备上课，你做过什么研究工作？

专业领域的重点话题

如果你有专业知识，请复习 3.1.2 至 3.2.3。

● 看看高年级的教科书，或你将要上的课程的教科书。特别仔细地阅读研究题部分。

● 参加本专业高年级的课程，努力听出你不同意的观点、你不理解的观点、你想知道更多的观点。

● 问一问老师，在你的专业里，哪个问题是最富于争论性的。

● 找到你专业的互联网讨论组。浏览其历史记录，寻找有争议或不清晰的观点。

● 浏览你们系或学校的网站，班级的网站也行。读一读博物馆的网站、国家协会的网站、政府机构的网站，关注那些与你的专业有关的内容。

第 4 章　从疑问到问题

在本章中，我们解释如何把疑问转化为读者认为值得去解决的问题。如果你是高级研究人员，你知道这一步的重要性。如果你是研究新手，我们希望能说服你相信这一步的重要性，因为你在这里学到的本事对你未来的研究项目很重要。

在上一章中，我们建议通过三个具体步骤找到重要的研究疑问：

1. 话题：我正在研究 _________，

2. 疑问：因为我想找到为何 ________，

3. 意义：我的目的是帮助读者理解 _________。

这几个步骤，不仅是研究项目的需要，还是为了你能成为一个真正的研究者。

- 从第一步到第二步，你不再是一个普通的数据搜集者，而是一个对好东西感兴趣的研究人员。
- 从第二步到第三步，你的重点在于说明为什么回答那个疑问是重要的。

这种重要性，首先是你自己的感觉，但当你能以读者的眼光把其重要性说清楚时，你等于成了某个研究社团的一员。这样做，你就在你与读者之间创立了一种更加密切的关系。你看到了读者对你的研究报告有兴趣，于是你承诺给予读者某种回报——对某种东西更加深刻的认识，而那东西是读者关切的。在这点上，你提出的问题是读者认为应该解决的。

4.1 研究问题

在各个级别的研究人员中，有太多的研究人员写论文的方式就好像他们仅在为自己的兴趣回答问题一样，但这是错误的。为了使你的研究有意义，你要解决的问题必须是你的读者群也想解决的。这就需要你理解什么是研究问题。为此，你必须理解两类问题：实际问题和观念问题。

4.1.1 实际问题：我们应该怎样做？

不是所有议题都值得去研究，而是遇到了一个实际问题，你不解决它，便会很麻烦。当解决方案不明显时，你就必须去找。为此，你必须把你的问题以另外的一种形式提出来，这就是研究问题，然后去解决这个研究问题。研究问题就是你不知道或不理解的实际问题。

解决实际问题的过程是你非常熟悉的：

实际问题：我自行车的链条断了。

研究问题：我能找到一个自行车商店换链条吗？

研究结果：第 55 大街 1401 号的循环之源修理店。

实现方案：走过去修理我的自行车。

这个例子虽然简单，但跟更复杂的问题并无本质区别。

- 美国步枪协会拉我反对控枪立法。如果我拒绝，我会损失多少选票呢？做一次调查。大部分我的支持者支持控枪立法。我可以拒绝步枪协会的要求。
- 奥马哈的生活成本上升了。为什么？雇一个咨询公司研究一下这个问题，增加营业额。如果我们改进员工培训，提高士气，员工仍然愿意为我们工作。

概括说，实际问题源自某种现实状况（譬如：垃圾邮件、奥马哈生活成本高、恐怖威胁），它使得我们损失时间、金钱、体面、安全、机会，严重时甚至是生命。我们为解决一个实际问题，必须采取某种行动（或鼓励他人采取某种行动），目的是消除那个导致实际损失的状况，或至少是缓解之。

但在明确行动前，有人必须先更好地了解一下状况。例如，那个受美国步枪协会拉拢的政客，需要知道他的选民如何看待枪支控制，然后才能确定立场；奥马哈工厂的经理需要知道成本上升的原因，才能想办法加以解决。

4.1.2 观念问题：我们应该怎样考虑？

缺少知识或认识将会产生观念问题。在研究工作中，当我们不理解世界上的某种事物,或它与我们的想象不符时,我们就有了一个观念问题。我们解决观念问题，不是为了做点什么去改变世界，而是为了更好地理解世界。

我们通常在研究中回答观念问题，这就是为什么观念问题也被称为研究问题的原因：我们在头脑中形成对某个事物的观念，就是了解到了那个事物的状况、代价、后果；研究这个词，指的是我们形成观念的过程。实际问题与观念问题之间的关系，可以用下图来表示：

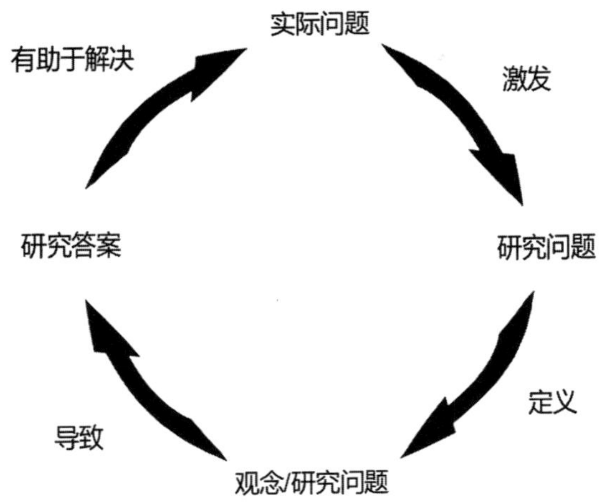

这就造成“问题”这个词在研究领域里有了特殊的含义，研究新手对此有时感到困惑。在日常生活里，人们总是尽量避免问题。但在学术研究里，有问题，才会有答案，学者们甚至故意创造问题。确实，面对困难的实际问题，如果研究人员没有形成好的观念问题或研究问题，他就没法做研究工作。

没有经验的研究人员常对这几个概念感到迷惑，因为有经验的研究人员在谈论研究工作时总是很简略。被问及目前研究工作时，老研究人员的回答经常简略得像一般性话题，根本不符合我们给你的劝告。例如，他们会说我们正在研究：成人麻疹、怀俄明麋鹿交配信号、20 世纪 30 年代的飞艇。研究新手听到后，就产生了一种错误认识，以为阅读的话题就是要去研究的问题。

把话题当作研究问题，后果很严重。因为围绕着话题去搜集数据，不仅量大，而且漫无目标。由于问题不具体，很难确定搜集到的数据是否已经足够。写研究报告时，很难判断什么应该包括在内，什么不应该，结果是乱七八糟地全都放进报告中了。所以，当读者批评这样的研究报告缺乏观点时，作者感到沮丧并不令人吃惊。确实，这样的研究报告仅是数据的堆积。

为了避免读者那样批评你，你需要把话题局限在一个具体的问题之上，这样你就可以只搜集有助于解决那个问题的数据。确定什么是你的问题，恐怕需要花费一些时间，但你可以从研究工作开始的时候就思考你的问题是什么。如果你理解了观念问题的作用，你就可以开始寻找问题了。

4.2 问题的结构

实际问题和观念问题都由两部分组成：

- 一种状况；
- 由这种状况导致的不良后果。之所以不良，是因为你或你的读者不想要。

实际问题和观念问题的区别，在于两者的状况和后果性质不同。

4.2.1 实际问题的性质

例如，轮胎瘪了。最初，这是一个实际问题，因为（1）这是一种状况，（2）你不想要这种状况，它会耽误你的晚餐约会。但假定那天你本不想去那个约会，而是想去很远的地方。在这种情况下，轮胎瘪了就不那么简单了，这件事为你解决了一个大问题，因为你不必跟一个你不喜欢人共进晚餐。这时，轮胎瘪了给你造成了一些损失，却带来了大收益，你不觉得有问题。

再看一个例子，如果警察设圈套，为引暗藏的罪犯上钩，通知他赢得了彩票。一般说，赢了彩票不是问题，但在这个例子里就是问题了，因为其代价是被捕。

实际问题包含两个部分：状况和该状况引发的不可接受的代价。要想向他人描述一个实际问题，你必须说明这两个部分。

1. 状况：

我错过了班车。

臭氧层变薄了。

2. 你（或读者）不想接受的代价：

我会迟到，还可能会因此而丢工作。

许多人会死于皮肤癌。

请注意：读者会评价你写的研究报告，但他们的代价不是你的代价，而是你没有解决问题给他们带来的代价。所以，你的问题并非一定是他们的问题。为了他们认同你的问题，你必须按照他们的观点说明问题，让他们看到那问题给他们自己带来的代价。为此，你可以想象当你提出问题的状况部分时，你的读者反问道："那又怎样？"

臭氧层变薄了。那又怎样？

你可以这样说明问题的代价：

臭氧层变薄后，我们受到的紫外线辐射会增强。

假定读者要问"那又怎样"的问题，你就告诉他们紫外线辐射增强的代价：

太强的紫外线辐射会引发皮肤癌。

虽然不大可能，但如果读者继续问"那又怎样？"这就说明你没有能说服他认识到有个问题。当人在认识到有问题时，才不会再问那个“那又怎样”的问题，而是会问“我们该怎么办”。

像癌症这样的实际问题是很容易理解的，因为这样的问题很具体：没有人会觉得癌症不是问题。但在学术研究中，你的问题一般是观念问题，比较难理解，因为其状况和代价是抽象的。

4.2.2 观念问题的性质

虽然实际问题和观念问题都由两部分组成，但问题状况和代价的性质是不同的。

- 实际问题的状况是现实世界中你遭遇的实际代价，如果是读者的就更好了。
- 观念问题的状况永远是对某种事物缺乏知识或认识。

你可以按照前面提到的三步骤（见 3.4）给出观念的状况。第一步骤是：我正在研究话题 ________。第二步骤是间接问题，指出你不知道或不理解的东西：

我在研究阿拉莫的故事，因为我想理解为什么选民按照德克萨斯州政客们的意愿投票。

这就是为什么我们强调疑问的价值：疑问迫使你说出你不知道或不理解的，但你想知道或理解。

两类问题有两类不同的代价。

- 实际问题的代价永远是某种我们不喜欢的具体事物或状况。

观念问题没有如此实际的代价。事实上，我们把观念问题的代价改称为问题的后果。

- 观念问题的后果是某种认识缺失：此种缺失还导致我们不理解甚至更为重要的东西。换言之，由于我们没能回答一个问题，造成我们无法回答另外一个更加重要的问题。

研究人员常根据自己的好奇心选择研究项目。事实上，我们中的大多数全是因此开始对研究感兴趣的。但如果你想使自己的研究变得更重要，你就不能仅满足于自己的兴趣。你必须让读者看到你为他们解决了问题。为此你需要解释问题的后果。

你可以利用我们提出的三个步骤说明问题的后果：

我正在研究阿拉莫的故事，因为我想知道为什么选民会按照德克萨斯州政客的兴趣看待这些故事，我的目的是帮助读者理解一个更大，且更加重要的问题，即地区自身形象如何影响整个国家的政治。

所有这些可能令人感到困惑，但其实比较简单。观念问题的状况和后果以两种方式相互联系：

- 第一个问题（Q1）的答案对回答第二个问题（Q2）有帮助。
- 第二个问题（Q2）的答案比第一个问题（Q1）的答案重要。

再说一遍：观念问题或者说是研究问题的第一部分是你不知道但想知道的东西。你可以把这个认知方面的差距改写成为一个直接问题：在过去50年里浪漫电影是怎样改变的？或者改写成一个间接疑问句：我想弄清楚浪漫电影在过去50年是怎样变化的。

现在假定有人问你，如果你回答不了那个问题，那又怎样？你可以回答说，这个问题有答案后，才能回答另一个更加重要的问题。譬如：

如果我们不能回答浪漫电影在过去50年中如何演变的问题，【条件，问题1】那么我们就无法回答另一个更重要的问题：我们文化中对爱情的描写是如何演化的？【结果／更大且更重要的问题2】

如果你认为回答第二个问题是重要的，你就说明了你的问题值得一提，如果读者也同意，你就可以开始研究工作了。

假定读者又问，不知道浪漫爱情描写方法的演变方式又有何妨？这时你需要提出一个更大的问题，引导读者思考更大的问题：

如果我们不能回答爱情故事是如何演化的这个问题，【问题2】那么我们就无法回答另一个更加重要的问题：我们的文化是如何影响年轻男女对待婚姻和家庭这个问题的。【结果／更大且更重要的问题】

假定那个读者还是问“那又怎样”这个问题，你或许觉得此人不适合做你的读者。但如果你坚持要把他视为读者，你还可以这样试一试：如果我们不能回答那个问题，我们就无法……

普通人认为专家就喜欢问无聊的问题：“跳房子”游戏是怎么来的？但他们没有能认识到研究人员想回答这个问题，是为了回答另一个更加重要的问题。那些关心民间游戏对儿童成长影响的人，不知道证实这项研究的理论重要性。如果我们发现儿童游戏的起源，我们就能更好地理解游戏是怎样促使儿童形成社会的，接下来，我们还能更好地理解……

4.2.3 区分“纯粹研究”和“应用研究”

我们称针对观念问题的研究是纯粹研究，因为这类研究不涉及实际问题，仅是为了增加研究读者群对问题的理解。如果解决了某个观念问题之后导致某种实际后果，我们称之为应用研究。判断标准就是看第三个问题，如果仅涉及知识，就是纯粹研究；但如果涉及行动，则是应用研究。

1. 话题：我在研究宇宙空间电磁辐射，

 2. 问题：因为我想知道宇宙中有多少星系，

  3. 意义：我的目的是帮助读者理解究竟宇宙是无限的，还是有边界的。

这是纯粹研究，因为第三步仅涉及知识问题。

如果是应用研究，第二步涉及知识，但第三步涉及行动：

1. 我在研究哈勃望远镜数据与地球望远镜数据之间的差异，

 2. 问题：因为我想发现空气对电磁辐射的干扰，

  3. 实际意义：这样天文学家就能更准确地衡量电磁辐射的强度。

之所以称之为应用研究，是因为天文学家在了解了空气的干扰作用后，就可以做出调整，从而更加准确地测量电磁波。

4.2.4 使研究与实际后果相联系

一些没有经验的研究人员不太会做纯粹研究，因为纯粹研究的结果是抽象的——仅是弥补了知识的缺失。由于他们还不是某个研究社团的一部分，不知道如何深度关注研究领域，他们觉得仅是增加知识不够好。于是他们胡乱地给观念问题赋予某种实际意义，目的是使之显得更重要：

1. 话题：我在研究 19 世纪不同版本的阿拉莫故事，

2. 研究问题：因为我想发现政客们是怎样利用这些故事影响舆论的，

3. 潜在的现实意义：目的是为了防止无耻政客伤害我们。

大多数读者认为第二步和第三步之间的联系比较牵强。

为了组织起一个好的应该研究项目，你必须展示第二个间接问题有可能帮助第三个间接问题的回答。提问如下：

（a）如果读者想取得（你第三步的目标）________，

（b）他们会认为他们能实现，条件就是知道了（你第二步中问题）________的答案？

可以把这个办法在天文学家问题上应用一下：

（a）如果我的读者想用地球望远镜测量数据更精确的电磁辐射强度，

（b）他们会认为他们能做到，条件是他们知道了空气会怎样扭曲测量结果？

答案似乎应该是。

现在试一试阿拉莫问题：

（a）如果读者想免于无耻政客的迫害，

（b）在我告诉他们19世纪政客是怎样利用阿拉莫的故事影响舆论之后，他们是不是就能避免？

答案可能是不。两者之间可能有联系，但比较牵强。

如果你认为解答你的观念问题，并可应用于某个实际问题，那你就要建立一个纯粹研究项目，然后把应用问题作为第四个步骤：

1. 话题：我在研究不同版本的19世纪阿拉莫的故事，

2. 观念问题：因为我想发现政客是怎样利用大事件塑造舆论的，

3. 观念意义：目的是帮助读者理解政客如何利用公众文化实现自己的政治目标，

4. 潜在实际应用：于是读者或许能较好地抵御无耻政客的伤害。

你在前言中介绍研究项目时，指出你的研究问题是一个纯观念研究问题，其意义表现为观念后果。然后，等着在论文的结论部分中说明是否有实际应用（见第16章）。

大多数人文研究项目，许多自然科学、社会科学研究，都没有直接的日常应用。但根据纯粹这个词的含义，许多研究者认为纯粹研究比应用研究更有价值。他们认为获取知识本身就是“目的”，反映了人类最高的境界：只为更多知识的益处和丰富的内心生活，不为钱或权力。

你或许已经猜到了，我们不仅热心于纯粹研究，也热心于应用研究——条件是研究不断取得进展，研究不被恶意的动机所破坏。例如，在生物科学领域，潜在的利润可能会破坏纯粹研究和应用研究的诚信，因为利润不仅会影响某些研究人员的研究方向，还影响他们的解决方案：告诉我你们要什么，我就给你什么！这样的情况引发伦理问题，我们将在后面讨论研究的伦理问题。

4.3 寻找好的研究问题

伟大的研究人员与我们大家不同，他们不仅智慧超群，还有运气，偶然解决了一个遇到的问题，就能让我们以新角度看世界。好问题是容易辨别出的，但问题是很难遇到。大多数研究者在开始做研究时，头脑里并没有一个清晰的问题。他们有时仅是想把问题定义得更清楚一些。确实，那些找到新问题或把一个老问题定义清楚的人，给他们的研究领域的贡献要超过那些仅是在解决现有问题的人。有些研究者出名的原因，竟然是抛弃了他们下决心要去解决的好问题。

所以，如果你在项目开始时还没有明确研究问题，不要感到失落。我们中没有几个人能做到。但你可以早做打算，这可能会节省你大量的研究时间（或许还能使你在项目快结束时不恐慌）。这种态度是做高级研究工作的关键。在寻找好问题时，你可以做以下几件事：

4.3.1 请求帮助

以有经验的研究人员做榜样，像他们那样：与同学、老师、亲戚、朋友、邻居交谈——任何可能对你感兴趣的人。为什么他们想听你的研究结果？你的研究结果对他们有什么用？你的研究结果会引发什么新问题？

如果你可以自由地选择，那就选一个较大项目中的一个小部分做自己的项目。虽然你无法完成大项目，但你的小项目能继承大项目的重要性（你还能从大项目中学到很多东西，好处很多）。如果你是学生，问一问老师的意见，看看是否能承担一部分工作。不要被老师的建议捆住手脚。老师最不喜欢不主动的学生。老师的建议仅是个参考，你要主动多做。当你按照老师建议做出了他意想不到的事时，没有什么比这更能让老师高兴。

4.3.2 在阅读材料中寻找问题

你可以在阅读资料中找研究问题。寻找那些矛盾点、不一致的地方、不完整的解释。先假定其他读者跟你有相同的感觉。许多研究者在读参考文献时就好像在跟作者展开对话：慢着，这里忽略了一个东西……但你要注意，在动手改正参考文献的错误时，要先认真核实文献确实存在错误，不是你的误读。无的放矢的研究报告，多得不可枚举。仔细阅读参考文献后，再去更正其错误（在第 6.3 节中，我们要罗列作者可以使用的几种通用的“做法”去发现参考文献中的问题，指出虽然文献说 X，但我认为 Y 是正确的）。

一旦你发现疑难问题或错误，仅指出来是不够的。如果参考文献说 X，你说 Y，这个差距就可能是你的研究问题，但你必须能说明 X 的错误还会引发更严重的错误。

仔细阅读参考文献的最后几页。许多研究者在最后几页提出有待回答的问题。下面这段文字的作者解释了 19 世纪俄国农村的生活是如何影响农民战士在战场上的表现的：

> 正如战士在和平时期的经历影响他们在战场上的表现一样，军官在战场上的表现也受他们在和平时期经历的影响。确实，只有少数俄军指挥官在日俄战场失败后批评俄军的失败是由于军官在战前从事经济活动时形成了坏习惯。无论如何，为了理解沙皇俄国军官在和平时期和战争时期的作风问题，我们需要系统地研究下面罗列的几位军官——如果你愿意，可以从人类学的角度加以研究。【我们的重点】

最后一句话给出了有待你去解决的问题。

4.3.3 审视你自己的结论

批判性阅读还能帮助你在自己的草稿中寻找好的研究问题。人写作时，往往最后几页写得最好，因为我们在这里写下我们在开始写的时候还没有的观点。如果你在草稿中写了一个出乎意料的观点，继续探讨一下是否可以深入研究。看似奇怪，但你有可能解决了一个未被列出的问题。你需要找出原始问题是什么。

4.4 学会与问题打交道

有经验的研究人员梦里都在寻找新问题去求解。更大的梦想是解决一个其他人没有想到的问题。但这样的新问题并不值得动手去做，只有其他人觉得（或被说服）有必要去解决时才是可行的。所以，有经验的研究者最先问的问题不是“能不能解决这个问题”，而是“读者是否觉得这个问题应该被解决”。

没有人期待你第一次就能做得完美。但你要开始培养做研究工作的思维习惯。研究不仅是搜集信息和做报告。试着写下一个值得回答的问题，然后征求其他人的意见，看看他们是否也认为这个问题值得去回答。如果不这样做，你可能会获得研究者最恶劣的待遇：并非我不太同意你，而是我不感兴趣。

至此，我们谈论的虚无缥缈的学术研究，有可能让人感到跟“现实世界”没有联系。在商业和政府界，在法律和医疗界，在政治和外交圈，能看出问题是最有价值的本领，然后要准确地描绘问题，说服他人相信问题虽然存在，但可以被解决，而且要强调你能解决问题。如果你能在课堂上讲解拜占庭时期的陶器，你同样可以在商业街的办公室中讲，在华尔街讲，在香港的皇后大道上讲。

小建议：如何管理没有经验产生的问题

第一次在新领域里做研究，我们会感到焦虑，因为我们不熟悉这个领域的重点、思考方式和讨论方式。事实上，我们这几位作者在新领域开展新项目时，也像新手一样感到焦虑。你无法避免这种焦虑，但你可以想办法管控：

● 承认不确定性和焦虑是自然的、不可避免的。这不是无能的表现，仅说明经验不足。

● 在研究过程中，通过写作控制你的话题。不要简单地拷贝参考文献，要写综述，写评论，提问题，与原作者进行交流。写研究进展日志。这类文字帮助你理解你阅读的材料，激发你的思考力。你越早动笔写，无论写得多潦草，到写论文草稿的时候就不那么可怕了。

● 把研究任务分成几个可控的子任务，并使它们相互支持。一旦你定下一个好的研究问题，你就可以有效地草拟并修改论文了。如果你预先已经知道如何写草稿、如何修改草稿，你的写作就会比较顺利。

● 如果你是学生，你的老师可以帮助你克服困难。老师希望你成功，你可以依赖他们（如果老师不帮助，可以找其他愿意帮助你的人）。

● 目标要现实。如果你在完成研究项目后感到项目改变了你原先的想法，读者即使不同意你的观点也认为你做得挺好，那你就是做了一项有意义的研究工作。

● 最重要的是，你有了一次克服困难学习新知识的经历。为了克服研究新手所面临的问题，你学会了像研究老手一样做研究，特别是学会了如何处置令人沮丧的情况：这时，你会重新评估计划和笔记，坚信自己的项目会有转机，继续研究工作。或许，最终研究结果会比预想的要好。

第 5 章　从问题到参考资料

如果你是研究新手，希望在图书馆和互联网上找到绝大部分参考文献，这一章将帮助你制定一份研究计划。如果你是一位比较有经验的研究人员，可以略过本章。

如果你还没有选定一个研究问题，也许还是应该多花时间广泛阅读与你的话题有关的参考资料，争取找到一个。如果你找到了一个研究问题，貌似能找到答案（就是美国哲学家皮尔士所说的待验假说），你便可以开始寻找可用于检验答案的数据。

为了有效起见，你需要制定一个计划。如果你匆忙地埋头阅读与你的话题有关的所有参考资料，就会被无穷无尽的书籍和文章淹没。毫无疑问，不停地浏览是有趣的，可能还会有很大收获，我们都喜欢这样，许多重要的发现皆起源于奇思妙想。然而，如果你有时间限制，就不能光凭运气寻找有用的参考资料了：你必须系统地寻找那些有助于你推进项目的参考资料，或是恢复另一种作用，激励你改进项目。在这一章中，我们不仅要讨论为研究项目找参考资料的几种方法，还要讨论如何把参考资料数量控制在合适的范围内。在下一章中，我们将集中精力讨论如何在写论文中使用参考资料。

5.1　三级资料及其用途

参考资料习惯上被分成三级：第一级、第二级、第三级。这三者之间的界限并不清晰，但把参考资料分成三级能帮助你制定研究计划。

5.1.1　第一级资料

第一级资料是“原始”资料，提供“原始数据”或证据，你可以用来发展、验证、证明自己的观点或假说。每个研究领域的第一级资料是不同的。在历史学中，第一级资料是相关历史时期的文件：书信、日记、物品、地图和衣物。在文学或哲学中，你的第一级资料是你要分析的文本，数据就是文本中的文字。在艺术批评领域，你的第一级资料是有待你解读的艺术作品。在社会学或政治学这类社会科学中，人口普查数据也是可以信赖的第一级资料。在自然科学中，原始研究报告有时被称为第一级资料（不过，科学家很少使用）。

5.1.2　第二级资料

第二级资料是以第一级资料为基础的书籍、文章、报告，目标读者是学者和专家。某个领域的第二级资料有时被称为这个领域的“文献”。最好的第二级资料是有信誉的大学出版的书籍、文章、报告，这些文献都经过“同行审查”，意思是说它们被同一领域的专家在出版前审查过。通过阅读第二级资料，研究人员可以了解研究领域的前沿，这有助于活跃自己的思维。在寻找新的研究问题时，公认比较好的办法是挑战其他人的结果或方法，比如那些第二级资料中所提及的。你可以在自己的论证中借用第二级资料中的证据，但你应该尽量避免这样做，除非你没有找到相应的第一级资料做证据，否则，你有被他人视为不认真或懒惰的风险。

5.1.3 第三级资料

这个类别里的书籍和文章是在综述了第二级资料后为大众读者而写的，比如教科书、百科全书（包括维基百科）、《今日心理学》这样的大众杂志中的文章。在研究初期，你可以利用第三级资料了解某个话题，但如果你要发表学术论证，应该依靠第二级资料，因为这些资料才是你谋求加入的“对话”。如果你引用第三级资料，会显得你是个新手或门外汉，许多读者都不会重视你或你的论证。

这似乎不公平，但是有道理的。第三级资料并非有错，许多材料事实上是知名学者写的，但它们比较浅显，因为受众是不太熟悉专业的普通读者。这些材料简化了很多东西，有可能已经过时了，但如果你谨慎对待这样的局限，第三级资料可以是很有用的：可以让你很快了解一个新话题，如果它们附着参考文献目录，你便能迅速找到有价值的第二级资料。

5.1.4 区分三种资料

研究人员一般不会专门去区分这三类资料。19 世纪的历史学家最先提出一级和二级资料的概念，后来传播到其他领域。此后，又增加了第三级资料。如今这种资料分类方法已经成了学校里教学生的标准，但只对某些学科比较合适：很适合历史学，因为历史事件是第一级资料，对艺术批评也很合适，因为艺术作品、乐曲、文学作品是你试图讲解的第一级资料，但这种分类方法对其他学科不太合适，比如哲学、化学、护理学。

另一点也需要注意，上述资料分类方法并非绝对，要根据研究项目的具体情况而定。在大多数情况下，学术期刊上的文章算是第二级资料，但针对你的研究问题或领域，你自己要判断什么是第一级资料：例如，如果你在为某人写传记或试图理解爱国的历史学家是否扭曲了阿拉莫的故事时，需要做出相应的判断。以此类推，大百科全书文章一般被视为第三级资料，但如果你在研究大百科全书是怎样处理性别问题时，大百科全书上的文章就变成第一级资料了。如果你在研究艾略特，那么艾略特的散文《哈姆雷特》就是你的第一级资料，但如果你在研究莎士比亚，这篇散文就是第二级资料了。你的视角不同，资料的分类也不同。

如果你对分类感到困惑，大可不必。记住分类仅是手段，不是目的。最重要的不是你怎样给资料分类，而是你利用资料研究你的问题，推出新想法，做出有趣的论证。在下一章中，我们将讨论怎样在写论文时使用参考文献。

5.2 在21世纪的图书馆中浏览

走进现代的大学图书馆，你或许会问，“书在哪里？”（回答是：书还在，在书库里）。卡片索引早就被搜索引擎取代了，各种纸质资料（书籍、期刊、照片、电影、视频、音频）都在逐步数字化。如今你不必走进图书馆就能使用图书馆内的资源。无论你是亲自去图书馆或是利用其网站，图书馆都是做研究不可缺少的工具。

考虑到互联网上的海量数据，你或许觉得图书馆已经没有存在的必要了——或许你要做非常专门的研究才觉得它有必要。我们坚信图书馆有用。正是因为我们动一动鼠标就能获得大量信息，这使得图书馆对做研究而言变得越来越有必要。图书馆不仅为我们提供信息，还保障我们的参考文献是可信赖的。虽然你使用的公共图书馆或学术图书馆相对来说很小，但图书馆为你打开了一扇大门，供你寻找更广泛的资料——研究指南、参考书、在线数据库。为了利用这些资料，你自然需要学会如何使用21世纪的图书馆。

5.2.1 有计划地使用图书馆

你必须先对资料做评估，然后再去使用。有些你要用的资料就在离你很近的图书馆里，但另外一些可能离你很远，要么是在线资料，要么在其他图书馆。为了充分利用图书馆，你必须为搜集资料制定计划。好消息是图书馆和图书管理员的作用最大。

很难一开始就知道去哪里搜索。最简单的办法是搜索几个词汇，看看结果如何。我们也这样做，但我们还知道图书馆提供给我们更加系统、更加有效的寻找可信资料的方法。为了更多地了解你的话题，寻找到更多有前途的研究方法，你可以去图书馆。

请教图书管理员。或许我们能给你们的最佳建议就是依靠那些有研究背景的图书管理员。普通图书管理员（大图书馆里有）和研究领域专家可以帮助你细化搜索参数，指导你用合适的工具搜索你提出的具体研究问题。他们可以用馆藏目录帮助你寻找这座图书馆或其他图书馆里的资料（图书馆之间有互借协定）。通常就是这些图书管理员编撰了研究指南，为读者寻找参考书和在线数据库提供帮助。

不要害羞。图书管理员乐于帮助各类研究人员做好研究工作。他们能帮助你确定研究问题和计划，设计搜索关键词，并帮你筛选搜索结果，不让你被无用的资料所淹没。唯一令人尴尬的问题是你没有去问你应该问的问题。当然，图书管理员都很忙，你需要提前准备好问题。如果你有一个明确的问题想搜集信息，图书管理员就能更好地为你提供建议。你或许可以按照第 3 章中所谈到的三步去描述你的项目：

1. 我在研究 20 世纪 80 年代的教育政策，

2. 想知道中西部的校委会是怎样处理和废止种族歧视问题的，

3. 因为我想理解不同地区的种族关系。

查工具书。如果你对话题的了解已经很多了，可能也就知道如何找相关的参考资料了，但如果话题对你来说比较新，你要抑制自己直接看第一级参考文献和第二级参考文献的冲动。这种方法其实不可取，因为你可能会因此而浪费时间。一个比较好的策略是用工具书引导你去搜集。工具书一般是由专家编撰，比如《大英百科全书》，或更加专业一点的《哲学百科全书》。看这些参考书籍，你能了解一个大概，让你比较容易看到自己的工作在整体中的地位。此外，这些参考书籍中包括引用的参考文献，引导你去寻找其他参考文献。

参考文献目录特别有用，许多参考文献目录包括摘要，总结出有关话题的重要文章或书籍。你要认真读那些带注解的文献目录或最新的文献评论文章，它们最有可能给你提供研究线索。

查询在线数据库。图书馆与互联网不同，因为图书馆有索引和数据库。除了数据，图书馆因为有这两样东西而成为最有用的工具，因为研究者可以找到其他地方找不到的资料。图书馆的付费服务提供专门的索引和数据库，但学术图书馆和许多公共图书馆提供强有力的工具扩展现有的收藏量。你肯定想在研究中利用这些一般性的资料和专门资料。如果你购买了图书馆的付费服务，就可以利用学术期刊数据库（Academic Search Premier）、现代语言学会国际书目（MLA International Bibliography）、生物医学摘要（PubMed）等。许多学术数据库要么提供摘要，要么引导你去看包含摘要的文章。摘要帮助你确定某篇文章是否值得细读。有些数据库允许你看到完整的文章或整本书籍。请注意：如果图书馆的数据库没有购买某份杂志的版权，你可能要花钱去看一篇完整的文章。在付费阅读前，先问一问图书管理员，看看有没有其他方式也可以阅读。

5.2.2 寻找专门资料

在制定了搜集信息的策略，定位了资料来源之后，你就可以开始在图书馆或其他地方寻找具体的资料。当然，这个过程不是线性的。顺着一篇文章中的线索，可以顺藤摸瓜，找到更多的相关文章。搜索数据库的结果，可能产生更多可以搜索的关键词。没有经验的研究者经常太看重几个关键词，它们要么太宽泛，要么太局限，这会影响找到相关资料的机会。有经验的研究者知道必须灵活：搜集时要多试，这样才能发现那些最容易找到相关资料的关键词。

搜索图书馆目录。你可以用两种方式在图书馆目录中搜索：关键字搜索和浏览。在看了一些资料后，你就能罗列出一些相关的关键字，然后你就可以在图书馆目录中搜索这些关键字。大多数图书馆的目录，在搜索时需要指定类型（书籍、文章、杂志等等）。

如果你看的资料中有书籍，可以用美国国会图书馆的主题词，一般在书籍封面背后的书名后印着或在线目录的“详细信息”中。比如，本书的主题词是：

1. 研究－方法论 2. 专业写作

搜索在线目录，你会找到收藏在那个图书馆里的与这些关键词有关的书籍。一本书有可能交叉列在几个主题词下。如果遇到这种情况，也可以迅速浏览一下这些主题词下面的标题。你有可能发现一些其他地方找不到的资料。你还可以浏览一下图书编码相似的书籍。一旦你选定了一本参考书，就可以用这本书的编码在书架上寻找其他参考书。浏览一下图书的目录信息。虽然目录信息不如关键字那么具体，但你有可能找到意料之外的参考书。所以，不要太局限于搜索目标。可以多花些时间在广泛浏览上。

在线搜索有个问题，搜索出来的结果包含太多的信息条款。芝加哥大学图书馆有 300 本关于拿破仑的书，有数千本图书的书名中带着“环境”这个词。如果搜索到太多的资料，你只能缩小搜索范围。如今你可以有几种方式缩小搜索范围：出版时间做条件、规定语言、选择主题、选择资料类型（书籍、文章、数据库等），不同的目录系统或许还能提供其他选项。如果你决定不缩小搜索范围，可以根据出版时间阅读参考资料。只读那些最近 15 年出版的参考资料；如果搜索结果仍然太多，你可以只阅读近十年以来的。

在搜索了美国国会图书馆或大学图书馆这样的大图书馆之后，你可能会发现小图书馆的藏书仅是大图书馆的一部分，但如果需要，你可以向大图书馆借书。有些新书，在图书馆目录中是没有的，你可以上图书网站去买。这些书或许会出现在图书馆的新书架上，但你应该尽早建议图书管理员去买。如果你急需这些书，就必须自己去买。

然而，如果你没有找到任何可参考的资料，这说明你的搜索范围太窄或太不符合常规，但也有一种可能就是你正在研究一个其他人没有想到的问题，至少是当前没有人想到。例如，“友谊”曾经是哲学的一个重要话题，但在之后的数个世纪中被几本主要的大百科全书所忽视。近来，这个话题才再次成为一个严肃话题。你只有认真思考，才有可能找到一个被别人忽视的话题。长远看，研究工作能使你成名，但你的研究论文在几周后就会被人遗忘。

浏览书库。在互联网上搜集资料比在图书馆快，但如果你不去图书馆的书架上找书（假定你被允许这样做），有可能错过一些难得的参考资料。另外，你还有可能错过意外发现贵重参考资料的绝佳机会——偶然遇到极为珍贵的参考资料（珍贵参考资料基本上全是这样被发现的）。

如果你能去书库里找书，找到存放有关你的话题的书架，然后在书架的上下前后左右浏览，特别要关注那些由大学出版社推出的新书。然后，转过身，浏览一下背后书架上的书籍。当你看到一本相关的书，浏览一下目录和关键字索引，看一看是否符合你的研究问题。然后再浏览参考书目，寻找相关的书籍。这比在线去找相关书籍要快。如果一本书没有关键词索引或参考书目，那它对你没有用途（第 5.4 节对如何进行浏览有更详细的描述）。

你可以在线浏览杂志的内容目录，但在书架前浏览杂志对你更有帮助。

如果在线找到了一些相关杂志或参考书目，你便可以去书架上寻找。浏览近十年来的合订本（大多数杂志合订本前面有总目录），然后迅速查阅杂志。你会发现这种方式能找到许多在线方式找不到的参考资料。

追踪参考文献目录。大多数资料都给出了参考书目录。当你发现一本书似乎有用时，浏览一下其参考书目录或引用的资料。索引中罗列出引用次数最多的几位作者（一般来说，被引用次数越多的作者越重要）。杂志上的文章一般会先回顾一下前人的工作。跟着这些参考书目线索，再难的研究领域，你也能搜索一遍，因为你可以从一份参考资料找到其他参考资料……

引文索引。许多在线图书目录和数据库允许你查看其他文献引用一种你熟悉的参考文献的情况。这项技术称为引文索引，它很像参考文献目录，不仅向前索引，还向后索引。针对某份参考文献，除了提供它引用的参考资料之外，还提供引用它的参考文献。如果这份参考文献不仅引用的文献多，还被其他文献多次引用，说明这份文献更加可信。被引用的次数越多，说明其信誉越好、影响力越大。

查看引用情况，过去研究人员必须使用纸质的引用索引，这项工作有可能花费几个小时甚至几天的时间。如今有了在线索引和数据库，查看索引变得容易多了。利用参考书目录和引用索引，你可以为自己的研究工作编织一张丰富的资源网。

5.3　在互联网上找资料

你或许已经知道如何搜索互联网：在谷歌这样的搜索引擎中输入几个字，你就可以在电脑屏幕上看到若干相关的链接。我们经常使用这种方式搜索放电影时间、餐厅评价、股票价格、新闻等等。我们每天的生活都离不开搜索引擎。我们甚至把谷歌公司的名字当作动词用，说“谷歌一下”。

有了这样的日常经历，你或许会觉得互联网不仅无所不能，还十分可靠（既然可以用来买智能手机和牛仔裤，为什么不能用来搞研究呢？）这种看法是错误的。你应该还记得，包含大量有用信息的图书馆目录和数据库在互联网上是搜索不到的。在互联网上搜索信息，要保持一定的警惕：谷歌等搜索引擎给你的信息，有一部分是可靠的，还有一部分是不可靠的。与图书馆的目录和数据库不同，互联网几乎不受监督。互联网上站点无数，张贴的资料没有人对其真假负责。此外，你还要注意搜索引擎公司赚钱的方式，他们不仅在线搜集你的搜索特征，还靠卖广告、不断修改网站内容让它们提早出现在搜索结果中。这类行为不一定是非法的，但你要记住，搜索引擎公司引导你去他们希望你去的网站。

尽管互联网有这些局限性，但如果你谨慎使用，它对你的研究是有价值的。我们在研究工作中，是这样使用互联网的：

- 在了解一个新话题的初期，我们学的一切全是临时的；
- 寻找能更系统地进行搜索的关键字；
- 提醒自己注意时间和事实——与更可靠的资料进行比较；
- 确定我们可以去联络的作者：大学网站里有许多学者和研究人的情况；
- 在搜索专业数据库之前，先用谷歌学术搜索做初步了解。

一般说来，向公众开放的第三级参考文献是可靠的，比如维基百科和维多利亚人网站，但你在使用时需要小心。一般不要把互联网上的信息当作是第二级参考文献，因为缺少学术出版社的审查，特别是缺少专家的审查，但你可以把互联网上的信息作为原始资料。例如，如果在研究肥皂剧系列是怎样根据粉丝的要求进行调整的，那么粉丝博客是相当好的原始资料（下一节我们讨论资料评估问题）。

尊重作者的权利。像古腾堡计划和谷歌书籍这类网站提供已经不受版权保护的书籍，但比较近期的书（在美国是 1923 年之后的书）不能出现在这类网站里，否则将会侵犯作者的版权。谨慎的读者不愿看盗版书，因为这不仅违法，也因为盗版书印刷经常有问题。所以，用纸质书，不要用电子书，除非作者明确允许使用该电子版（放在数据库中）。

5.4 评估资料的相关性和可靠性

在搜集资料时，你会发现资料多得用不完，所以你必须快速地判断资料的有用性。为此，你可以使用两个检验标准：相关性和可靠性。

5.4.1 评估资料的相关性

如果你正在参考一本书，你要这样做：

- 查看你感兴趣的关键字，然后找到包含关键字的书页；
- 在那些包含了你关注的关键字的章节中，浏览其第一自然段和最后一个自然段；
- 浏览引言、前言、综述等等章节；
- 浏览最后一章的头几页和最后的两三页；
- 如果资料是文集，浏览编辑的前言；
- 查看参考文献目录是否与你的话题相关。

如果你查看的资料是电子书，还是应该遵守上述步骤，但你可以全文搜索你关注的关键字。

如果资料是一篇文章，你要做的是：

- 如果有摘要，就先阅读；
- 浏览前言和结论；如果没有标题，就阅读头五六段和最后四五段；

● 浏览章节的标题，阅读章节的第一段和最后一段；

● 查看参考文献目录中跟你的话题有关的项目。

如果是在线资料：

● 如果它看上去像是一篇纸质文章，可以按照对待杂志文章那样搜索其关键字；

● 浏览那些标题是“前言”“综述”“总结”等的章节；如果没有，查看有关网站的说明或类似的说明；

● 如果网站提供“网站导航”网页或“索引”网页，查看是否包含你关注的关键字，浏览其参考网页；

● 如果该网站有“搜索”功能，输入你的关键字。

如此快速的阅读，有助于你写论文和修改论文。如果你的论文结构不能让读者快速浏览，你的论文就是有问题的，这点我们要在第 12 章和第 13 章中继续讨论。

5.4.2 评估资料的可靠性

只有读了资料后，才能对其作出判断，但可靠的资料有如下特征：

1. 出版资料的机构或网站有名气吗？大多数大学出版社是可靠的，特别是名牌大学的出版社。一些商业出版社虽然与大学无关，但在某些领域也是可靠的，比如诺顿出版社的文学书籍，爱宝莱克斯出版社的科学书籍，瓦斯特出版的法律书籍。不要太相信商业出版社耸人听闻的宣传噱头，那些自称博士的作者并没有什么了不起。对于那些社会上正激烈争论的问题，比如干细胞研究、枪支控制、全球变暖，你要格外小心。许多书籍和文章的作者或出版机构有强烈的意识形态倾向。图书馆收录这些书籍和文章是为了图书覆盖范围，但你不能认为它们是可靠的。

2. 这本书或这篇文章被专家审阅过吗？大多数有信誉的出版社在出版前都要请专家审阅待出版的书籍或文章，这叫专家审阅。大学出版社推出的论文集通常没有经过专家审阅，有时论文集仅被编辑看过。商业杂志很少进行专家审阅。如果出版物没有经过专家审阅，你在使用时要保持戒心。

3. 作者有信誉吗？如果你是新手，很难回答这个问题。大多数出版物都会说明作者的学术背景，你还可以用搜索引擎找到更多有关作者的信息。大多数知名学者是可靠的，但如果遇到枪支控制或流产这类热门话题，你要格外小心。这时有信誉的学者也会变得居心叵测，特别是在他们接受了特殊利益集团的资助之后。你可以到互联网上查查这些学者在向谁致谢。

4. 如果该资料仅是在线有，提供该资料的机构是否有信誉？网站的可靠性就是网站主办者的可靠性。如果主办组织有信誉，他们提供的信息也是有信誉的，但如果网站最近没有更新，这可能是因为主办者放弃了网站。有些个人办的网站是可靠的，但有些个人网站不可靠。在互联网上搜索一下网站主办者，多了解一下主办者的情况。

5. 资料新不新？你必须使用最新的资料，但不同领域对新的定义不同。在计算机科学领域，几个月前的杂志文章就过期了；在社会科学领域，十年都不算旧。有关人文的出版物放置在书架上的时间比较长：例如，文学和艺术评论能在书架上放置数十年，甚至几个世纪。总体看，理论原创者的作品比后继者的生命周期要长。可以假定教科书的内容不会是最新的。如果你不清楚研究领域的方向，你可以追随研究领域带头人。查看你的研究领域新出版的书籍或文章的参考目录：建议你引用的资料不要晚于该参考目录中的资料（最好是比它们更加新一些）。试着找到一版标准的原始作品：小说、戏剧、书信等等，通常都不是最新的。确保所获得的二级资料和辅助资料是最新的：研究人员经常改变观点，有时甚至逆转从前的主张。

6. 如果资料是一本书，它有注释和参考书目吗？如果没有，你就不能轻易相信这本书，因为你无法追溯该书的主张。

7. 如果资料是网站，它包含参考书目信息吗？判断网站是否可靠，可以看网站是否明确指出谁是主办者，谁在维护网站，谁放置了文献，何时放置的，何时最后更新的。

8. 如果资料来自网站，其叙述是否合理？你的读者很可能不会信赖一个在跟对手激烈争论中攻击他人，主张夸张，滥用语言，文字中有拼写、标点、语法错误的网站。

下述准则对高年级学生特别有用：

9. 如果资料是一本书，有没有人审阅过？许多研究领域有审阅索引，它公布其他人如何评价某种资料。

10. 该资料经常被人引用吗？一般说来，被引用次数越多的资料，其影响力越大。只需看看引文索引就行了（见 5.2.2）。如果你看到有许多学者引用某本书，你便可以推断那本书在该领域专家眼中是可靠的和重要的。这种书被认为有比较高的“影响力”。你需要多关注这类资料，沿着它们的方向继续研究。

谁可以信任？

声望极高的美国医学协会任命了一个委员会去评审一些有名气杂志上的文章。虽然这些杂志上的文章获得了研究领域里的专家的赞同，但评审的结果是文章中有“统计和方法错误”（《专家评审的不科学》，刊登在《纽约时报》2002 年 6 月 11 日，D6 版）。消息传开后，有人觉得科学家公布的不可信：如果评审后的科学论文不可靠，普通人该信什么？你我只能做我们该做的：带着批判精神去阅读，当你报告数据时，尽可能做得准确。我们在第八章中会再次讨论这个问题。

有错不好，但不诚实更加恶劣。布思有一个学生，夏季去一家制药厂打工，工作是处理一堆调查表的回复，这些回复是医生们对这家公司一种药的评价。这位学生需要撕毁一些调查表回复，从而保证十分之九的支持率。这种数据造假是为了“证明”该药品合格。这位学生辞去了这份令人恶心的工作。毫无疑问，接替他的人不能太认真。

这些指标并不能保证资料的可靠性。评审人员有时也向知名出版社推荐文笔不佳、数据不足的作品，这是因为他们觉得作品有些方面很重要——本书的作者也曾经做过这样的推荐。所以，阅读时必须带着批判精神，即使是知名学者在知名出版社出版的作品，你也需要带着批判精神去阅读。

5.5 寻找不同寻常的资料

如果要写课程论文，你或许会选几种在自己的专业领域有代表性的参考资料，但如果你的研究项目是开创性的，比如硕士论文或博士论文，你就需要寻找额外的资料。例如，如果你要研究 16 世纪末英格兰农业革命对经济的影响，你或许应该去阅读伊丽莎白女王一世时代有农村人物的剧作，看看剧作对农村生活的刻画，听一听宗教人士对农村生活的评论。相反，如果你想形象地描写伦敦的生活，你或许要去研究那个时期某个地方的经济生活。如果你不仅搜集常规的参考资料，还能搜集非常规的参考资料，你就不仅能丰富自己的分析能力，还扩展了参考信息的空间，而且你综合多种数据的能力也将得到增强，这对高水平研究人员的人来说是一种重要的能力。如果你发现有一种资料，虽然不在你使用最多的参考资料的参考书目中，但很有用，你不要忽略它——如果你找到了别人没有找到的好资料，你会因有创意而受到好评的。

当你遭受其他作者的沉重打击时

当你发现有一种资料的标题是：《演化中的阿拉莫的传说：为政治服务的历史》，你可能会觉得它要解决的问题跟你是一样的。尽管如此，你也不必惊慌。你可能会想，我完蛋了，没有什么新东西可说了（这件事发生时威廉姆斯正在写博士论文，卡洛姆的第一本书还没有出版）。你或许是对的，但也有可能猜错了。如果它确实说清楚了你的问题，你必须寻找新问题去写，但可能它并非像你最初害怕的那样接近你的作品。或许你可能会发现你能做得更好：如果那位作者没有把所有的事情全讲清楚，你就可以利用这点写好自己的作品。

5.6 借他人之力推进研究工作

21 世纪，新技术不断涌现，我们极容易获得大量资料，研究工作也越发变得独立。所以，你在做研究工作时别忘了借助人的因素。

很明显，人可以提供原始数据，你可以观察人，在人群中展开调查或采访他们。在人群中搜集原始数据要注意方式方法：不要忽视公司、政府、机构中职位比较低的人群。例如，如果你要研究你所居住的城市学校里反对种族歧视的状况，除了要看文件之外，还要访问一下社区学校，问问他们的经历。采访工作比较复杂，我们在这里不做累述（有许多书讲解如何采访），但我们要指出，你采访的人越多，就越能达到研究的目的。采访并不需要固定不变的一组问题，其效果很差，但你不能毫无目的地进行采访。书，你可以反复阅读，但采访人不能这样，你不能因为上次没有准备好，就要再重新采访一次。采访人的时候，要严格遵守道德规范（见本章后面的小建议专栏）。

别人可以告诉你好的第二级资料，你也可以把别人视为自己的第二级资料。以前我们说过，第二级资料是与作者进行“对话”。这是比喻，但你有必要为做研究展开真正的对话。首先，我们鼓励你与一类特殊的专家讨论你的研究工作：图书管理员。图书管理员能帮助你寻找资料。跟那些熟悉你研究话题的专家交谈，你会受益匪浅。你要坦诚地问与研究有关的重要问题，问一问他们对你的研究项目或课题的看法，问一问他们是否有辅导资料可供你阅读。这类辅导对研究新手很有帮助，许多专家乐于施以援手（至少愿意写几封电子邮件）。

我们在研究中向许多专家提出过大量问题，获益匪浅；我们也回答过大量其他人提出的问题，帮助他们进行研究。我们曾经邀请一位杰出学者为大学一年级的学生介绍他的研究过程。他开头就说，“我没有固定的研究过程；我仅是问我的聪明朋友开头应该阅读什么”。这位学者说话有点夸张，但听聪明朋友的话没错，至少能让研究工作有个出发点。

小建议：采访人的伦理道德

我们最近发现研究工作越来越伤及参与研究的人员——不仅是身体上的伤害，还使他们陷入尴尬，侵犯他们的隐私等等。所以，如今每所大学都建立起了评审委员会，评审所有直接或间接参与其中的人的研究项目，学生做的研究项目要受评审，专业研究人员的研究项目也要受评审。评审委员会可能取不同的名字——人力资源委员会、研究评审委员会、伦理研究委员会。虽然名字不同，但目的是一样的，就是确保研究人员按规矩展开研究工作：不伤害研究相关的人员。如果你的研究从人群中搜集原始数据，你需要咨询这样的委员会，确保你在采访人群、调查人群、观察人群时符合伦理道德规范。这些委员会的评审可能很官僚，但如果你不做，就有可能伤害到你的研究人群，甚至损害你所在大学的名声。

第6章 使用资料

为了使你的研究可靠，你必须合理地、准确地使用资料。在本章中，我们解释如何有效地使用资料、如何做笔记才能让读者相信你引用的资料或相信你对某种资料的评价。

在这一章中，我们教给你如何充分使用资料，特别是你的第二级资料。我们选择这个重点的理由很简单：针对这个话题，我们能提供普遍适用的建议。研究人员寻找数据或产生数据的方式，由于研究领域的不同而相差很大。不同领域的读者期望看到的证据也差异很大。例如，历史学家和艺术批评家在第一级资料中寻找他们可以用作证据的文字段落。其他领域的学者则不会这样做，他们可能会把实验室的样本、调查结果、计算机模型作为证据，但每个领域都有自己的第二级资料，有时被称为文献，文献记录下研究领域中的思想交流。各领域的研究人员使用文献的方式是类似的。

如何使用第二级资料，取决于你在为研究项目寻找什么样的资料。有经验的研究人员经常阅读第二级资料，追踪研究领域的前沿，他们启动的项目总是有明确的问题要解决。如果你是研究领域的新人，或仍然仅有一个话题，你或许需要阅读大量资料才能找到一个可钻研的问题，但要想解决它，可能需要阅读更多的资料。在本章中，我们想教给你如何像一个有经验的研究人员那样阅读第二级资料：不仅是为了找数据供论证之用，更重要的是让那些疑问、问题和论证激发你的思考。

6.1 记录完整的参考文献信息

首先，一旦你确定某种资料值得阅读，你要记录下完整的参考文献信息。这件事必须先做：这会花费一些时间，但这个习惯会使你终生受益。

你需要参考文献目录信息，这样你不仅在未来可以回忆起是在哪里读到的，还可以在写论文时给出资料的出处。你在笔记中可按自己喜欢的方式记录，但要全面，要保证引用正确，为此你要遵循领域内部引用参考文献的规定（见第 14.5 节）。

如果是书籍，记录如下信息：

- 作者
- 书名
- 编辑者或翻译者（如果有）
- 版本
- 卷
- 出版地（第一出版地即可）
- 出版商
- 出版日期
- 页号
- 图书分类号（如果有）
- 国际标准图书编号

如果是电子书，记录方法跟纸质书一样，此外还需记录：

- 网址（URL）
- 数据库名（如果有）
- 访问时间
- 电子书的格式

如果是杂志文章，你要记录：

- 作者
- 标题（包括副标题）
- 编辑者（如果有的话）
- 卷期
- 日期
- 文章页数
- 图书分类号（如果有）

如果是在线资料，除了前面的要求之外，还要记录：

- 网址（URL）
- 数据库名（如果有）
- 访问时间
- 网络管理员（如果标识出了）

如果你在线阅读出版物，你不仅要记录参考书目信息，还要记录在线访问的信息。

如果你扫描或对书中的某个段落进行拍照，这本书的标题页和书后面的目录信息也要扫描或拍照。如果有图书索引号，也要加上。当你引用书时，你不用写上图书索引号。记录图书索引号，主要是为了能比较容易地在图书馆里再次找到这本书。

你或许觉得上述建议太过谨慎，其实不然。最令人生气的莫过于在笔记本中发现了很值得引用的东西，却没找到其出处，而原因仅仅是当初你没有完整地做记录。

威廉姆斯写了一本有关伊丽莎白女王一世时代社会史的书，但又没有完整记录下文献的出处，书的出版拖了一年多。他几年前看到一些有关1638年伦敦房屋出租者的材料，他觉得这些材料日后可能有用，但他没有记录下完整的资料信息，当他真的需要引用那些资料时，他找不到出处了。他在芝加哥大学的图书馆里找了数个小时也没有找到。有一天晚上，他躺在床上猛然想起他是在另一家图书馆看到的！

6.2 使用资料要积极主动

有经验的研究人员读书不是被动的，他们喜欢主动提出疑问。如果有可能，重要的资料要阅读两遍。第一遍是泛读，注意那些引起你兴趣的地方。然后再次读那些让你感到迷惑的段落。不要光挑错，要试图理解资料好的方面。只顾挑错，说明你在遇到不同意见时仅强调指出对方的弱点。至少在最初不应该只关注对方的弱点。

如果你读的资料似乎很重要，或似乎表达了跟你不同的观点，你要再认真地读一遍，读的时候还要带着批判的精神。读的时候，不仅要读它说了什么，还要思考你将如何回应。把你想到的回应写在笔记本上——如果你已经买下了资料，你可以写在空白处。给资料写综述，可以检验你是否理解了资料：如果你不能用自己的话总结资料上的内容，就是你理解得还不够，还不能提反对意见。

不要因为是权威说的话就不敢质疑。在过去几十年里，研究人员引用“证据”说北极圈的因纽特人有许多种称呼雪的名词，但有一位研究人员发现他们其实只有三种（根据她的说法）。要知道专家们很少有意见一致的时候。如果专家 A 给出一种说法，专家 B 就会提出反对意见，C 说自己是专家，但其实不是。有些学生听到专家有分歧，就冷嘲热讽，其实不能这样看，说事实讲道理的争论是有益的，说明研究领域充满活力。

对高级研究人员来说，论证的方方面面都很重要，你要逐一检查其准确性。那些作品被别人引用过的人会告诉你，对他们作品的报道往往是不准确的，对作品的总结也不认真，批评很无知。《纽约时报》上经常能看到作家给书评专栏的信，指出评论者歪曲了他们的意思，或提出的批评与事实不符。

检查，再检查

研究人员极少故意歪曲资料，但他们有时会犯懒散的毛病。我们曾听一位杰出的学者说她很少把刚写完的材料再看一遍。布斯有一本书被“拒绝”了，原因显然是编辑只看了章节的标题。看到标题是“小说必须现实”，编辑便根本没有往下看，其实他在那个章节中就是要批评这种对待小说的态度和其他一些错误观念。有一个给威廉姆斯的书写书评的人，错误地引用了威廉姆斯的话，自认为跟威廉姆斯的观点相反，但他辩护的正好就是威廉姆斯原来的观点。

6.3 阅读时有意识地找问题

一旦你有了研究问题，你可以用它指导搜集那些与研究问题有关的证据、模型、论证的工作。如果你还没有研究问题，便无法确定什么样的数据、模型、论证是相关的。所以，你在阅读资料时不要随意浏览，要有意识地寻找问题。寻找那些令人困惑的观点，不准确或过度简单的说法——任何你不赞同的东西。虽然你与资料的意见相左时比较容易找到研究问题，但你仍然可以从你认同的资料中找到研究问题。

6.3.1 创造性的认同

如果你赞同资料的观点，可以试着扩大其适用范围。还能有什么新见解？有没有什么新证据原资料还未包括进去？有几种办法可以在认同原资料的基础上创造性地进行发挥。

1. **提供新证据**。你可以提供新证据支持原资料的观点。

史密斯用轶事说明阿拉莫的故事在德克萨斯州一带具有神话特征，而且几家大报的社论提供了更好的证据。

- 资料使用的证据比较老，你有新证据。
- 资料的证据不足，你提供充足的证据。

2. **证实缺乏支撑的观点**。如果资料有假设或推测，你可以加以证明。

史密斯建议把训练过程拍摄成视频资料来改善运动员的成绩，而在利用核磁共振对运动员思维活动进行研究之后发现这是一个好建议。

- 资料推测 ________ 是真的，而你提供证据支持了该推测。
- 资料假定 ________ 是真的，而你证明了这点。

3. 扩展资料中的观点。你可以延展资料中某个观点的适用范围。

史密斯争辩说，教医学生学习生理学，可以采用打比喻的办法，比喻越多效果越好。这对工程系的学生和法律系的学生是一样的。

- 资料说明 ________ 在一种场合适用，你说明在另一种新场合也适用。
- 资料说明 ________ 在某个具体场合适用，你说明它在所有场合适用。

6.3.2　创造性的不认同

如果你阅读资料时思维活跃，一定会有不同意见。不要忽视不同意见，因为意见不同经常会产生新的研究问题。注意下述几种类型的不同意见（此处罗列并非全部，且相互之间有重复）：

1. 矛盾。资料说甲，但你认为是乙。

史密斯说涂鸦是破坏，但最好把它视为一种大众艺术。

- 资料说 __________ 是 __________，但并非如此。
- 资料说 __________ 总具有特征 __________，但并非如此。
- 资料说 __________ 是正常的 / 好的 / 有意义的 / 有用的 / 有道理的 / 有趣的，但并非如此。

你可以否定这些观点：

- 虽然文献说 _________ 不是 _________ ，你可以说明它是。

2. 部分与整体之间的矛盾。你可以说明文献把某个整体与部分之间的关系搞错了。

史密斯争辩说道德规范对开明的教育不重要，但实际上道德规范是必不可少的。

- 资料说 ________ 是 ________ 的一部分，但并非如此。
- 资料说 ________ 的两个部分之间存在确定的关系，但并非如此。
- 资料说每个 ________ 都包含 ________，但并非如此。

3. 历史过程中的矛盾。你可以说明资料对某个话题的起源或发展过程叙述有错。

史密斯争辩说世界人口要增加，但并非如此。

- 资料说 ________ 正在变化，但并非如此。
- 资料说 ________ 起源于 ________ ，但并非如此。
- 资料说 ________ 按照某个确定的方式发展，但并非如此。

4. 因果关系错误。你可以说明资料在分析因果关系时犯了错误。

史密斯宣称大麻合法化将会导致更多的少年吸毒，但证据表明并非如此。

- 资料说 ________ 引发了 ________，但并非如此，这两者皆源自 ________。
- 资料说 ________ 足以引起 ________，但并非如此。
- 资料说 ________ 的原因是 ________，但 ________ 也是另一个原因。

5. 视角不同。大多数矛盾意见并不改变思维方式，但当你不用“标准”的思维方式时，你是在要求其他人用新的方式思考问题。

史密斯认为广告仅有经济功能，但广告其实还是新艺术形式的实验室。

● 资料从 ＿＿＿＿＿ 的角度讨论 ＿＿＿＿＿，但从一个新角度讨论将会有新的结论（新角度可以是社会的、政治的、哲学的、伦理的、人种的等等）。

● 资料用 ＿＿＿＿＿ 理论 / 价值体系分析了 ＿＿＿＿＿，但你还可以从一个新角度分析这个问题。

6.4 为论证而阅读

6.4.1 为回应不同观点而阅读

论证必须能够对读者可能提出的反对意见做出回应才算完整。你可以在阅读第二级资料时发现一些反对意见。有什么不同意见？它们提供了什么你必须承认的证据？有些研究新手觉得主动说出有反对意见对自己不利，这是不对的。当你承认其他人的观点时，不仅说明你知道其他观点的存在，还说明你考虑周全，有信心应对不同的观点（详见第 10 章）。

有经验的研究人员还会利用不同观点改进他们自己的观点。你只有理解了其他人的不同想法之后，才能真正地理解自己的想法。所以，在找资料的时候，不能仅找支持自己观点的资料。对那些与你的观点不同的资料要保持好奇心，因为你的读者很可能也读过这些资料。

6.4.2 学习他人的推理方式和分析方法

你还可以用另外一种方式利用第二级资料：学习别人的推理方式和分析方法。如果你计划做的论证是你从来没有做过的，你可以模仿你在第二级资料中找到的论证模式。你不能剽窃别人的想法，但你可以借用推理方式或分析数据方法（不要担忧，使用别人的方法不会使你的研究显得没有创造性。研究中使用的方法和推理方式一般都无须创新。读者想看到新研究问题、新观点、新证据）。

假定你想说明，某些政客为自己的政治利益创造了阿拉莫传说，而另一些人在复述故事时获得情感满足，这才造成它流传开来。你需要特别的理由和证据才能说明自己的观点，为此你可以借助其他类似的例子。在一些类似的传说中，无论这些传说是真的或是假的，读者也曾提出类似的问题。比如，亚瑟王的传说对英国社会和政治的成型起过作用，所以你或许可以争辩说阿拉莫传说和德克萨斯共和国也一样。你不必引证你的思路，但为了增加可信性，你可以拿出其他人用过的理由：

正如亚瑟王传说帮助英国形成社会和政治体制（Weiman 1998）那样，阿拉莫传说也……

6.5 在阅读中寻找数据和支持

6.5.1 可做证据的数据

研究新手总是到第二级资料中寻找数据，但如果你有条件，可以去第一级资料中看看。重要的引文一定要看看其原始样子和出处，否则不算做事认真，也显得懒惰。即使你不同意资料中的观点，也可以使用它的数据。实际上，它的论证可以跟你的研究问题无关，所以它的数据也可以跟你的研究问题无关，但在使用统计数据时，你必须判断是否统计得全面，是否分析得恰到好处（你最好去学点概率和统计课程知识，美国学生在这方面很无知）。

6.5.2 在阅读中寻找支持你的观点

研究人员经常在第二级资料中寻找支持自己的观点。如果能找到一个可用的观点，你就可以加以引用，特别是那些获得广泛支持和认可的观点。虽然你能找到许多这样的观点，但那也仅表明有其他研究人员同意你。为了把这些观点当作证据用，你必须既引用他人的结论，又注明其推理过程和证据。

6.6　做笔记

一旦你发现有一种资料可以被你所用，你必须认真地加以阅读，但如果你不能再次找到它，或记不清其内容了，它就对你帮助不大。所以，阅读文献时，你首先要记录其完整的文献信息。用同一种方式做笔记，不仅能帮助你记录文献的出处，还有助于你的思考。

做记录，可以用索引卡片，也可以用笔记本或电脑、手机。你甚至可以在线做笔记，有些网站提供这项服务，也有些字处理软件提供精良的参考书目管理系统。每种记录办法都有自己的优缺点，你需要理解它们的，选择最适合自己的。

6.6.1　用笔做记录

过去，做记录的标准的方法是使用索引卡片：

> 沙曼，骂人，p. 133　　　　　　　　历史 / 经济学（性别？）
>
> 文献说骂人在 18 世纪变成了经济问题。引自《绅士》杂志，1751 年 7 月刊（没有页码）：女子被判十天劳动徒刑，因为无法付清一先令的骂人罚款。
>
> “……一位严酷的经济学家甚至高兴地想到，如果对大量的骂人罪发动大规模攻势，国家还能得到一笔横财。”
>
> 【如今还有人认为骂人是经济问题吗？滑稽演员骂人有更多观众？电影更加现实？是性别问题吗？ 18 世纪男人像女人一样经常被罚吗？】
>
> GT3080/S6

左上角是作者，然后是标题和页号。右上角是关键字，供研究人员分类之用。卡片的内容对资料加以总结，记录下引用文字，还包括一段明显不同于引用文字的评论或想法，供未来研究之用。最底下一行的左面是资料的图书馆书目编号。

虽然当今的研究人员很少使用这种方法了，但我们仍然可以从中学到一些重要的原则：

- 记录下完整的文献目录信息，以便日后能比较容易地找到。
- 把记录按话题进行分类，不要混杂在一起，一种文献可以归属几个话题。
- 确保记录的准确性，因为你未来可能要用到记录的内容（如果你想引用很多行文字，你可以考虑拍照、扫描、拷贝、保存整个文件）。
- 或许最重要的是：清楚地区分：（1）你引用的内容，（2）你的解释，（3）你的想法。如果你是在纸上写，你可以用括号或不同的颜色标识出不同的文字内容。如果你是在计算机上或网上写，你可以用不同的字体。我们要强调一点，必须清晰地区分你引用的文字和你评论的文字，因为这两者很容易混淆。

与计算机文件相比，手写的记录很难保存、复制、索引、寻找，而且很容易写错字：你抄写引文时，你觉得你认真写了，但有可能还是写错了。纸质记录在某些情况下还是有用的。比如说，笔记本或卡片比较便宜，易于携带，有时技术不过关，只能用纸质记录——有些档案只能用笔和纸做记录。一些研究人员至今还在使用笔记本，主要原因就是这种方式有助于思考。由于你无法什么都写，用笔在纸上写能迫使你集中精力思考最重要的。另一方面，如果你使用了卡片，你就可以给卡片分类、排序，或摆放在桌子或地板上。用笔做记录，不仅有助于你记住笔记的内容，还能帮助你发现联系，得出自己的观点。

尽管如此，只有很少的研究人员今天还在用纸质记录。大多数在用计算机。

6.6.2 用计算机做记录

用计算机做记录，有几种方式可以选择：

- 最简单的办法是用字处理软件。每种资料创立一个文件（或某页），确保你自己写的内容与引用的内容明显不同。字处理软件很容易使用，但限制你对记录进行索引、重组、排序、搜索。如果项目比较大，比较复杂，你或许要考虑其他的方法。
- 你可以使用特殊的记录软件——这种软件专门用来记录研究项目中的文献。这类软件帮助你做索引、排序、读写，但由于数据格式不公开，所以很难与其他研究人员分享。
- 你可以使用一套完整的文献管理系统。这类系统帮助你更好地管理和访问你的记录。你可以从在线图书系统中直接取出你要引用的信息和文献目录信息，在写论文时还能进行格式化和更新。有些文献管理系统还能为你保存电子版的文献副本，帮助你建立自己的文献库。由于这些系统跟笔记系统一样都使用自己的数据格式，所以你需要学会如何使用。

这三种类型的系统在网上都有相应的版本，这意味你做的记录并不存储在个人电脑上，而是存储在“云”端。这种存储方式保护你的数据不受破坏（你从此不怕硬盘坏了），而且还能帮助你与其他研究人员合作和分享。

无论你使用什么样的技术，有几点你必须加以考虑：

- 你如何组织文献记录？例如，如果你打算为每一种文献创立一个文件，那么你必须有一个文件命名方法。如果你没有文件命名法，你很难在硬盘上找到你要的文献记录。
- 你如何使用笔记？你或许应该把小项目和大项目的笔记分开来存放。

把暂停的项目与正在进行中的项目分开存放。把个人项目与合作项目分开存放。

● 学校或图书馆有什么服务可供你使用？许多学校为师生提供笔记系统或文献管理系统，有时是与目录系统集成在一起的。如果你的学校提供这类系统，你要考虑加以使用。

● 最关键的问题：什么样的方式最适合你的写作特点、思维特点、工作习惯？如果你想成为作家或研究人员，你需要培养自己独特的工作方式。其他人或许觉得你的方法笨拙不好用，甚至无法理解，这不要紧。你的目标不是把笔记写得多好，而是把研究工作做好。如果某种软件对你没有帮助，它对你就是没有用的。

6.6.3 在引用、改写、综述这三种方式中做选择

如果你可以拍照、扫描、下载资料，或你知道写作时可随时在线获取，那你就可以少花一些力气在仔细抄写原文上，而多花一些力气在研究其内容上。这是一件很好的事。给资料做综述，帮助你理解其内容。写作时，你可以引用原文，也可以加以改写。你还可以记录下你读资料时的感想。你在哪些方面认同原文？哪些方面不认同？想说点什么，是的，但是……

如果你不能保留你的资料，也不能确定未来是否能再次找到它，那你必须做出艰难的选择。把有用的段落全部抄写下来要花费很长时间。如果不抄，未来当你想要引用时，只有你写的综述显然不能令你满意。所以，你在做笔记时，必须选择是否直接引用，或是改写或给出综述。一般来说，人文研究人员引用最多；社会科学和自然科学家改写和综述的多，但无论你怎样选择，都要看你如何使用资料：

● 如果你需要引用的仅是某一个段落或章节或整本书的观点，那你就做综述。如果文献中的几个观点是相关的，但不相似，这时写综述比较合适。综述不算是好的证据。

● 如果文献中某个段落的文字不如其含义重要，这时你可以改写。改写不只是改变原文中几个字。你需要改变原文中的大部分用字。改写不能像引用那样做证据。

● 按照原文引用有几个目的：

○ 引用文字可以作为你提出的理由的证据。例如，为了说明不同区域对阿拉莫战役的反应是不同的，你可以引用几个报社的不同说法。如果你仅想反映他们的基本态度，你可以改写报纸的原文。

○ 引文来自权威，你想加以利用或突破。

○ 引文极富原创性或吸引性，对你后面的讨论有影响。

○ 你不同意文献的观点，但为公平起见，你想明确地指出那个观点是什么。

千万不要简化你要引用的文字，以为日后你能回忆出全文。你做不到，并且如果你引用错了，你的信誉会受损。

6.6.4　正确的语境

你无法记录所有的东西，但你必须确保准确地把握资料的原始意思。当你在使用资料中的内容时，不仅要记录你读到的，还要记录资料怎样使用的那段内容。

1. 当你在做引用、改写、综述时，要注意当时的语境。你不能脱离语境去引用，因为你不能把原文全引用了。所以，当你想改写一段原文，或是想加以综述，或是想引用时，一定要确保语境极为合适，这体现了你对原文的理解。当你在记录一段论证时，你要记录下作者的推理过程：

错误：巴托里（123 页）：Z 引发了战争。

错误：巴托里（123 页）：X、Y、Z 引发了战争。

正确：巴托里：X、Y、Z 引发了战争（123 页）。但最重要的原因是 Z（123 页），原因有三：第一个原因（124–126 页）；第二个原因（126 页）；第三个原因（127–128 页）。

有时你就关心结论，但读者想看结论背后的推理过程。所以，你在做记录时，不仅要记录结论，还要记录其推理过程。

2. 当你记录一个观点时，要记录下它在原文中的作用。是重要观点吗？或是次要观点？观点成立吗？或是不成立？注意这些不同点，你可以避免这类错误：

琼斯的初始说法：“研究人员发现肺癌有多种原因，其中包括遗传原因和环境原因。环境原因包括石棉、氡、微粒物质，但研究过数据的人都不否认主要的原因是吸烟。”

有关琼斯的错误报道：导致肺癌的原因很多，而吸烟仅是原因之一。例如，琼斯宣称：“肺癌有几个病因，包括遗传因素和环境因素，比如石棉、氡、微粒物质。”

琼斯根本没有这个意思。他把结论留在了最后。如此报道违反了说话的习惯，但如果你只记录文字，不关注全文的意思，肯定要犯错误。

为了避免这类错误，你需要在作者提供的枝节观点中找到核心观点。除非是想挑作者的错，你不要把作者的枝节观点当作是主要观点，更不能作为原作的全部观点。

3. 记录某个观点的适用范围。注意如下的不同：

炸薯条中的化学物质引发癌症。

炸薯条中的化学物质有可能是致癌物质。

炸薯条中有些化学物质与某些癌症的较高发生率有关。

4. 不要引述概述不加说明。有些作者在做概述时，并不明确说明，所以很容易引用错了。

5. 注意为什么资料之间有异同。针对同一个社会问题，有两个社会科学家可能说原因是人为的，没有外部因素介入，但可能第三个科学家会引用证据说是遗传原因造成，而另外还有一些科学家会指出是宗教原因。资料的观点一致性和一致性的原因同资料本身一样重要。同样，几种资料的观点可能不一致，因为它们对同一证据的解释是不一样的，或采取不同的方式去解决问题。

盲目信任其他研究人员的说法是有风险的。如果你不假思索地借用他人的结论，就不算是在做“研究”。挑出两种资料进行研究，你会发现两者之间总有不同之处，这是你开展研究的地方。哪一种有更好的说法？哪一种更加接近事实？事实上，你面前就是一个研究问题——我们应该信哪一种？

6.7 给资料做注解

6.7.1 旁注

在纸上和计算机里都能做注解，无论是纸面的文献或电子文献，你都可以在它们上面写。注解是一种用评论、质疑、交叉参考把一段文字与其他文字联系在一起的技能。在文献的边缘做注解是比划重点更加有效的手段，因为这使得你做研究工作更容易。

在做注解时，你要使用本章讨论过的方法思考问题。你可以对文献中的观点和关键字进行注解，也可以质疑文献的推理、证据、根据（见第 3 部分）。在进行研究的过程中，你可以回顾早前所做的注解，看看原来的想法为何。

当然，不是所有资料都可以做注解。你不能在图书馆的书上写注解。许多资料只能看电子版（最容易看到），但幸好有电子资料注解工具可供你使用。你可以用这些工具注解各种资料，包括图像资料，并在所阅读的文字之间建立起联系，供未来查询之用。

泛读的价值

我们曾经强调过，为研究确定一个研究问题很重要。有些文献在阅读之后被发现与研究无关，不要因此而觉得浪费了时间。事实上，你阅读所积累的知识总会超过研究所需，并且这对你培养良好的思维方式有关键作用。良好的思维习惯帮助你学习新知识，但你只有拥有了深厚的知识基础之后才能进行思维活动。所以，阅读不能太窄，对你未来的研究问题有帮助的都要去阅读。从这个角度看，泛读对你有帮助。

6.7.2 给参考文献目录做注解

给参考文献做注解的使用法之一就是——给每一种参考文献写一段概述，包含一段引文（有关如何引用，参见 14.5 的内容）。做注解的目的可以多种多样。对一个研究项目而言，给参考文献做注解等于是学习了所有的参考文献，并了解其在论文中的作用。给参考文献做注解是研究工作的一个特殊阶段，通过做注解使你自己或你的老师得以纵览所收集到的资料。给参考文献做注解是评估它的可信性的机会，你可以纵览其论证过程，分析它与你项目的相关性。

编辑参考文献的注解，可以帮你检查你所做的研究的完整程度，检验你是否充分利用了你所搜集到的资料。如果你不能总结你的资料，或解释它们之间的关联，你很可能还没有做好写论文的准备。

小建议：管控正常的焦虑情绪

在深入研究项目的过程中，你可能会感到一阵混乱，所有的东西都搅和在一起。这通常发生在你积累了大量未经整理的笔记的时候。一旦出现这种情况，你会感到有压力，但这也表明你可能已经接近有新思想和新发现的边缘了。

你可以把混乱的情况控制在最小的程度，方法是在研究过程中抓住每一次对搜集到的信息进行组织、写综述的时机，反复问那个核心问题：我在研究什么问题？我提出的问题是什么？不断回忆那个模板：我为了知道更多有关Y的情况而搜集X，以便让读者更好地理解Z。不断回答这些问题，不仅帮助你集中精力，还可以帮助你进行思考。

你可以请你的朋友、同学、老师这些支持你的人做你的评判读者。向他们解释你为做研究学到了什么，你学到的怎样帮助你解决问题。问他们，这是否合理？我忽视了什么重要的东西吗？你们还想知道什么？他们的回答使你获益，但如果能向没有专业背景的人解释你的想法，你的收获就能更多一些。

第三部分

如何做论证

Making an Argument

开篇：研究论证的组织

你不能等到把最后一组数据和最后一种参考文献找齐了之后，才去计划如何论证。首先，证据永远搜集不完。其次，这会使得研究工作变得机械或缺少目标，积累起大量没有什么意义的东西，最后不知道如何使用。当然，你为了推动项目进展，需要做一些研究工作。当你对研究问题有了一定的了解，并且找到了可能的解决方案，你应该开始做论证计划了。你的论证计划将随着研究的进展而改变——如果不变，说明你可能没有发挥自己全部的思维潜能——但如果你在项目初期就制定了一个论证计划，并随着项目进展加以修改，在论证计划的帮助下，你就能更好地理解资料，你的研究也变得更加具有目的性：你研究论证的目的就是回答读者可能提出的问题。

研究论证不像我们日常听到的激烈争吵。日常争吵是因为有争端：小孩子为玩什么玩具而争吵，同寝室的学生为听什么音乐而争吵，司机开车为了走哪条路而争吵。这类争吵可以是友好的，也可以很恶毒，过程中多出现冲突，有赢方，有输方。确切地说，研究人员有时也发出争辩，粗暴地指责其他人的推理和证据，显得没有气量，有时还说假话，但那样争吵说明他们还不是真正的研究人员。

在此后的五个章节中，我们要分析一种论证方法，它不是为输赢而激烈争吵，而是在跟同事进行对话，虽然同事可能持怀疑态度，但对话的气氛亲切。对话在你和你未来的读者之间进行，你们一起讨论研究双方都认为重要且要解决的问题，讨论的目的不是看谁吵过谁，而是一起找到重要问题的答案。

认识读者

我们不停地劝你想着读者，但想象你不认识的人如何向你提问确实太难了。有经验的研究人员因认识许多读者而获益。他们在动笔写之前先把想法说与读者听，试探读者反应。如果你是研究新手或是学生，或许不认识多少读者，无法与读者展开面对面的交流，但有些工作你可以提前做一做，有助于你理解读者的思考方式：

- 阅读相关杂志。注意杂志上文章研究的问题和给出的答案。
- 与一位有经验的研究人员或教师讨论你的论文。在形成了写作大纲但还没有动笔之前，谈谈自己的想法，听听别人是否有疑问或困惑。
- 给几个你信任的人读一读你写的草稿，记录下他们有疑问和不同意见的地方。在你的目标读者群中尽可能多地找人。

你甚至可以试着去认识一些真正的读者。例如，有一群物理学家曾经想让生物学家关注他们的研究，但他们提交给一家生物学杂志的论文手稿被拒绝了，这使得他们很不高兴。所以，他们开始参加生物学会议，阅读生物学杂志，甚至去生物学系的教师休息室闲荡。在他们理解了生物学家的思想之后，他们重写了论文，论文刊发后在生物学界产生了影响。你有可能不能专门去参加会议或去教师休息室闲荡，但你可以去认识你研究领域的老师和学生。你越了解他们，就越能想到他们会提出什么样的问题。

与读者对话不能仅是有礼貌地交换意见。我们都有权表达自己的意见，即使不做解释或论证也行，但在做研究论证时，我们需要向读者展示为什么我们的观点是重要的，我们为什么和基于何种证据才要提出如此的观点，就好像读者不相信我们一样。

虽说激烈的争吵更容易引起我们的注意，但我们每天其实有许多理性的讨论，为做出好的决定而交换意见，比如朋友之间争论买什么品牌的手机，阅读什么书，是吃比萨饼或是中餐。在研究中讨论问题，可以跟这些朋友之间的讨论一样，不把自己的观点强加给读者。相反，你优先考虑读者可能提出的疑问，问一下为什么他们应该接受你的观点。读者提出的问题不是在与你作对，而是在帮助你考验你的结论，是在帮助你找到一个值得分享的真理。当然，你在写论文的时候，没有人会亲自问你这些问题。所以，你必须替读者提问题。通过你的自问自答，你就像在跟读者讨论问题一样展开论证。在第 7 章中，我们要讨论研究论证的要素。在第 8 至第 9 章中，我们要详细讨论每种论证要素。在第四部分中，我们教给你如何写论文。

第7章　什么是好的论证

概述

在本章中，我们解释什么是研究论证，以及在回答了哪五个问题后就形成了研究论证。

在第二部分中，我们曾说明真正的研究不仅是搜集有关某个话题的信息，而是要解决你和读者都关心的问题。所以，分享研究成果时，不能仅是把数据“丢在”读者面前，并说这是有关我的话题的事实；真正的研究需要你解释你的研究问题是什么，在论证中说明你的解决方案的合理性。

7.1　论证是与读者进行对话

在研究论证中，你提出的观点需要有理由来支持，而理由又需要有证据来支持。此外，你在论证中还需要承认并回应其他观点，有时还要解释推理的原则。论证并不神秘：每次遇到问题，你在讨论问题时肯定要做论证：

艾比：我听说上学期很难。这学期如何？（艾比用提问的方式说出自己的兴趣）

布雷特：我希望这学期会好一点。（布雷特的回答说明了自己的观点）

艾比：为什么这样说？（艾比希望知道布雷特的理由）

布雷特：我终于要上专业课了。（布雷特给出了理由）

艾比：为什么专业课会有不同？（艾比认为布雷特的理由没有回答她的问题）

布雷特：我对专业课感兴趣，所以会更加努力地学习。（布雷特给出了一个大原则，论证自己的理由是正确的）

艾比：什么课程？（艾比希望获得相关的证据）

布雷特：《建筑史》《设计基础》（布雷特根据自己的理由给出了两个例子）

艾比：但你必须复读《微积分》，那将如何？（艾比提出反例）

布雷特：我上学期这门没有学好，但我觉得这是一门很好的入门课程。（布雷特理解艾比的反对意见，并做出回应）

艾比：你为什么没有开五门课？（艾比提出另一个意见）

布雷特：我知道那会很难。（布雷特承认他无法反驳这点）

艾比：你的平均分数上不去怎么办？（艾比询问布雷特的态度）

布雷特：我应该能过关。我希望达到 3.0 分，只要我不去做临时工就能做到。（布雷特放低了自己的态度，并增加了一个条件）

如果你能理解上述谈话，你就完全能理解如何为你的研究做论证。因为艾比问布雷特的五个问题，就是任何研究工作都要回答的问题。你必须替读者问你自己：

1. **观点**：你希望别人相信什么？
2. **理由**：你为什么要那样说？为什么我要相信？
3. **证据**：你怎么知道的？你能证明吗？
4. **承认和回应**：但怎样考虑……？
5. **论据**：后果怎样？你的逻辑是什么？你能解释推理过程吗？

事实上，你可以把研究视为回答这些问题的过程。

7.2 观点要有支撑

研究论证的核心是回答你的研究问题，你对这些问题的解答就是你的观点。你必须用两种东西支撑你的观点：理由和证据。

7.2.1 用理由支撑观点

第一种支撑是理由，读者看到理由便会接受你的观点。我们经常把观点和理由放在因果句型中：

小学应该优先教外语，【观点】因为我们在年轻时学语言最容易。【理由】

澄清术语

至此为止，我们用了两个词来总结你的研究成果。在谈及研究问题的语境下，我们称之为“你研究问题的答案”。在论证的语境下，我们称之为“你的观点”。

● 观点是有待论证的断言（可以是一句话或多句话）：气候变化威胁沿海城市；托妮·莫里森最重要的小说是《宠儿》。你的研究要有一个核心观点，你必须为之全力论证。有些人称之为“你的论点”。

● 理由是断言，用于支撑观点：【因为】气候变化导致海平面上升；【因为】在《宠儿》中，莫里森充分展开了几个主题。

● 证据是支撑理由的数据。与观点和理由不同，证据并不一定要用断言的形式：显示过去十年海平面水平的数据表格或莫里森《宠儿》中表现其主题的句子都可以做证据。

这些术语很容易混淆，因为理由看似观点，可以由其他理由来支撑，而理由和证据都可以用来支撑观点。如果你继续阅读本书，你会发现它们之间的细微但重要的差异。

在很多复杂的情况下，你需要多个理由支撑观点，而你的理由又需要其他理由来支撑：

小学应该优先教外语，【观点 1】因为我们在年轻时自学语言最容易。【理由 1，支撑观点 1/ 观点 2】事实上，成人学第二语言，学得再好，也难以达到那些在儿童时期就学的人的熟练程度。【理由 2，支撑理由 1、观点 2/ 观点 3】小学生学外语有助于提高学生的伦理道德水平，【理由 3，支撑观点 1/ 观点 4】因为他们从小就意识到外国的文化和社会。【理由 4，支撑理由 3 和观点 4/ 观点 5】

7.2.2 把理由建立在证据之上

给观点的第二种支持是证据。我们曾经说理由可以用更多的理由做支撑，但这种支撑链不能无限长。最终你要展示一些数据，那就是你的证据。表面看，理由和证据之间的差异似乎仅是语义学方面的，而且在某些场合，这两个词确实可以互换：

你必须把观点放置在理由上。

你必须把观点放置在好证据上。

但它们不是同义词，在论证中的作用大不相同。比较如下两句：

你的理由有何证据？

你的证据有何理由？

第二句似乎有些奇怪：理由有证据，证据不需要理由。

两者之间还有其他差异：

- 我们在头脑里思考理由。
- 我们在外部世界寻找证据供他人来看。

问某人到哪里去找他的理由是毫无意义的，但问他到哪里去看他的证据是合理的。

在日常谈话中，我们经常仅用理由去支撑观点：

我们该走了。【观点】天要下雨了。【理由】

不会有人去问，要下雨的证据何在？但当你讨论严肃的问题时，读者希望你提出的理由有事实做基础，因为有些读者很认真，不接受貌似真实的理由。他们要看证据、看数据、看理由背后的事实根据：

小学应该优先教外语，【观点 1】因为我们在年轻时自学语言最容易。【理由 1，支撑观点 1/ 观点 2】事实上，成人学第二语言，学得再好，也难以达到那些在儿童时期就学的人的熟练程度。【理由 2，支撑理由 1/ 观点 3】琼斯研究了 100 多名外国语学生的情况（2013），发现外语学习效率与……成反比（见表 1）。【理由 2 的证据】

有了理由和证据，我们就有了论证的核心：

但在大多数情况下，仅有核心是不够的：你需要增添内容使论证更加丰满，为此你需要承认和回应其他观点，有时还需要提供论据证明理由和观点之间存在关系。

7.3　承认和回应可能的反对意见

认真的读者会质疑你的论证的每一个部分，所以你必须尽可能多地预见他们提出的质疑，针对其中最重要的质疑，你要加以承认，并做出回应。例如，当读者听到你的有关优先学习外国语的建议时，他们可能会觉得这会影响其他学业。如果你预见到读者会问这个问题，你先承认再加以回应是明智的：

小学应该优先教外语，【观点 1】因为我们在年轻时自学语言最容易。【理由 1，支撑观点 1】……当然，如果学校重视外语教学，其他学科的质量会下降。【承认有问题】但这种担心是没有根据的，不足为虑……【回应】

但研究人员真正的考验，不是回应读者的质疑和想法，而是有所预见（我们在第 10 章将继续讨论）。

任何完整的研究论证都要包含承认不同意见并加以回应的部分，所以我们在论证图中增添这两个部分：

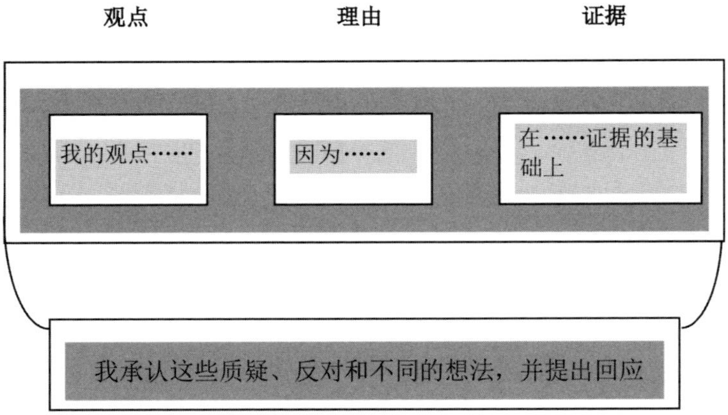

7.4 把观点和理由用论据联系在一起

即使读者认为某个理由是正确的，他们也有可能认为那个理由解释不了观点。请看下面的论证例子：

欧洲和北美的医疗费正在大幅增长，【观点】因为气候变化冰冻线正在向北方缓慢移动。【理由】

读者可能接受该理由，但会质疑它是否跟文中的观点相关，他们会问：医疗费高跟冰冻线有何关系？我看不到有何联系。为了回应读者的质疑，你必须给出一个公认的原则，按照该原则，你提出的特定理由是与你的特定观点相关的。

当一个地区的冰冻次数少了之后，亚热带的昆虫就不会被冻死了，昆虫会带来新疾病，所以医疗费会上升。

所有的论据都一样，本例中的论据起始于一个普遍的条件（一个地区的冰冻次数减少），然后我们推断相应的后果（为应对新疾病，这个地区的医疗费要升高）。所有论据背后的逻辑是这样的：如果普遍性存在或合理，具体事例也必定存在或合理。

但读者必须认同下面的四点才会遵从上述逻辑。在这四点中，有两点比较好理解：

1. 论据是正确的或是合理的：冰冻次数少，意味着医疗费高。
2. 理由是正确的或是合理的：冰冻线向北移动。

下面两点比较困难：

3. 理由中的条件是论据条件的具体实例。
4. 观点中后果是论据后果的实例。

我们可以这样图示上述逻辑：

一般性条件	预示	一般性结果
当一个地区的冰冻次数少了之后，		亚热带的昆虫就不会被冻死了，昆虫会带来新疾病，所以医疗费会上升。
其特例如下		**其特例如下**
气候变化导致冰冻线正在向北方缓慢移动。【理由】	**因此**	我们的医疗费正在大幅增长。【观点】
特例的条件	**预示**	**特例的结果**

我们将看到，确定你是否需要论据并不容易。有经验的研究人员通常仅在两个场合提供论据：一是当他们认为专业读者会质疑他们的理由是否

符合事实的时候；二是当他们给普通读者解释专业的推理方式的时候。如果你认为读者可能看不清观点和理由之间的关系，你就需要提供论据：

某个地区冰冻次数减少，可能医疗费会上升，因为亚热带的昆虫没有被冻死，会带来疾病。【论据】欧洲和北美洲的医疗费会升高，【主要观点】因为气候变化使得冰冻线向北不断移动。【理由】在过去一百年里，冰冻期两周以上的冰冻线向北移动了，速度大约是……【证据】

可以在我们的图解中增加论据部分，把观点和理由联系在一起：

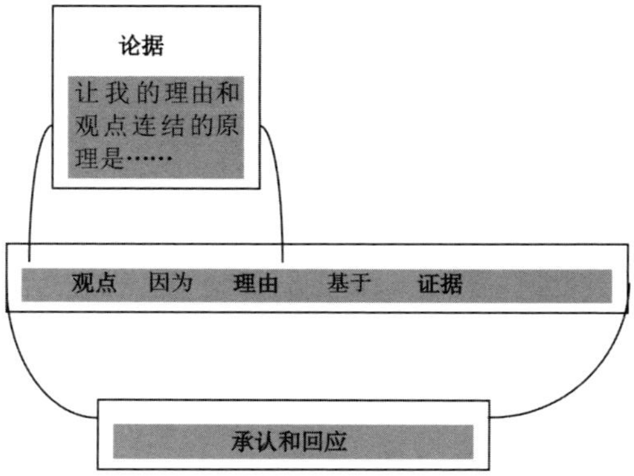

（论据部分不是太好懂；我们在第 11 章中还会详细讲解）

7.5 由简入繁的论证

论证的“基础”就是由上述五个部分组成，但真正的研究论证要复杂得多。

- 每个观点一般至少需要有两个理由，而每个理由又需要有其他理由、证据来支撑，有时甚至还需要提供论据。
- 由于读者对复杂的论证可能有不同想法，或提出反对意见，所以认真的研究人员要有选择地加以回应。

此外，每个理由、论据、对反对意见的回应（都以判断句为形式）也应该被视为子观点，必须有自己的支撑。只有证据可以“独立存在”，但你必须说明证据从何而来，为什么是可靠的，为何能支撑理由——这等于又要做一番辩论。

最后有一点要强调，大多数论证还包括其他一些信息，比如提供背景信息，对术语进行定义，对读者可能不理解问题的解释等等。例如，你要论述通货膨胀与货币供应之间的关系，但读者可能不熟悉经济理论，于是你必须解释经济学家如何理解这些概念的。重要的论证工作一般都很复杂（第 8 章至第 11 章有详细说明）。

认知超载：几句安慰的话

读到这里，许多学生会感到压力。如果你有压力，更多的是因为你没有经验，而不是因为你不够聪明。我们曾经向教法律的老师解释如何初学写作，这让大学一年级的学生感到自己对写作孤陋寡闻。最后，有一位女士说自己是人类学教授，已经发表的作品被人夸奖说写得清楚。后来，她跳槽去了法律学院。她说自己有六个月的时间写得很乱，就好像患了精神衰弱症一样。实际上，她没有病：她在经历着痛苦的转折，试着去写自己不太理解的东西，而对读者的兴趣更加知之甚少。她后来发现，对法律理解得越深入，写作就越容易。

如果你感到有压力，这个故事能让你感到宽慰，正如一位读者给我们发邮件说的那样：

你们在《研究是一门艺术》中，讲到一位女士从人类学转行去学法律，她突然发现自己不会写作了。我做平面设计助理教授五年了，最近转行去学人类学，我突然发现写人类学论文极为困难。我觉得自己患了精神衰弱症！当我读到那位人类学家转行去学法律的故事时大笑起来，我现在感觉好点了。

7.6 坚实的论证能提高你的气质

读者在评价你的论证好坏时，不仅要看你提出的理由和证据，还要看你是否回答了他们心中存在的问题和关切。你只有提供“坚实”的论证，才能赢得读者的信心，形成你的个人特色，就是传统上说的你的气质。你是一个考虑问题周密的人吗？用来支撑理由的证据被读者所接受吗？你全面地考虑了其他观点吗？或许你仅考虑自己的观点，不理会甚至忽视其他人的观点？

如果你能承认其他观点，向读者解释你的论据，那么读者就会有了跟随你一起研究和检验新想法的好理由。长远看，你的个性会给你带来信誉，这是每个研究人员必须珍惜的，因为它是你写论文的第六个要素，虽然它不显眼，但回答了读者内心的疑问：“我能信任你吗？”你必须回答：“是。”

小建议：常见错误——太相信你已经知道的东西

如果你是一位经验不足的研究人员，就很容易过度信任自己熟悉的东西。例如，你可能在不加深入研究的情况下早早地下结论，因为你“相信”你能证明它。但这样你就无法开动脑筋了。做研究，就是要对你的发现和洞察保持好奇。所以，当你启动研究项目的时候，不要把目标定在一个你知道你能证明的论点上，而是要去研究一个你想探索和解决的问题。

类似的情况还有，在你进入一个新领域之后，你很有可能借用过去上学或做研究时习惯的论证方式。例如，你上文学课时会学到如何引用和分析原文，但你不能把这套办法用在研究生物学或实验心理学这类强调“客观数据”的学科里。另一方面，如果你的专业是生物学或心理学，学会了如何收集真实数据和统计分析，千万不要在艺术史里使用这套方法，但这样不等于说你所学的在另一个领域里全报废了。在所有领域论证时都必须包含我们谈到的环节，但你必须学习每个领域特有的处理这些环节的方式，灵活运用，相信自己所学最终会找到用武之地。

当你熟悉了一个领域后，你可能会犯另外一种轻信的毛病。有一些研究新手在成功地进行了某些研究之后，他们便会不断地使用成功的经验。他们在学会解决一类问题后变得盲目起来：他们看不到研究工作不断进行，会涌现出多种不同的研究方法和方案。不要犯这样的错误。如果你已经掌握了一种研究方法，那就去试探一种新的，寻找新的替代方法，不仅要提出多种方案，还要用多种方式论证方案，看看是否有不同的方法能解决你的问题。

当你新接触一个话题或领域时，你需要不同的方法管理复杂的新想法和新思路，但在使用老方法处理新问题时要小心。随着你的经验越来越多，你会发现情况并非像从前那样复杂得让你感到害怕，也不像你期望的那样简单。

第 8 章　提出观点

在本章中，我们讨论如何确立能回答你的研究问题的观点，如何判断你的观点是否足够具体，且足够有意义，可以成为你的论证的主要论点。

你的研究问题需要一个初步答案，这样你才能有重点地寻找可以验证并支持该答案的证据。在你验证的过程中，你很可能会修改那个答案，但在进行论证的过程中，你必须理解你的观点的性质。你不仅要确保你的观点是合理的，还需要保证它是有足够意义的，否则你没有必要为之写论文。你可以问自己三个问题：

1. 我应该提出哪一类观点？
2. 它足够具体吗？
3. 读者会觉得它足够有意义而需要用论证吗？

如果你能回答这三个问题，你就可以开始论证工作。

8.1　提出恰当的观点

你提出的研究问题的性质，决定了你的观点的性质，决定了你论证的性质。我在第 4 章中谈到过，学术研究的问题，一般不是实际问题，而是观念问题，解决观念问题不是为了采取行动，而是增加知识：

至于 2008 至 2011 年间爆发的经济大萧条，原因是银行漠视了大部分金融法规，引入了太多的风险。

8.1.1　观念性的观点

观点可以是实用的，也可以是观念性的，但无论如何，观点需要能够回答几个问题：某物体或某情况存在吗？如果存在，我们如何认识其特征？为什么它会是这个样子？这样是好是坏？我们如何处理它？这些问题需要不同证据才能获得正确的答案。你可以在研究工作中提出如下几种观点：

- 有关事实或物体存在的观点：

  全球气温在过去十年里达到了前所未有的高度。

- 定义和分类的观点：

  鸟类是恐龙的直系后代，但爬行动物不是。

- 有关因果关系的观点：

  石棉导致癌症。

- 有关评价的观点：

  莎士比亚最好的喜剧是《皆大欢喜》。

● 有关行动或政策的观点：

宾夕法尼亚州应该增加天然气开采税为教育提供资金。

前四类：事实、定义、因果、价值——是观念性的观点。有关事实的观点需要提供相关的证据，这是你在说明事实时必须做的。定义和分类建立在相似性和差异性上，同一类别中的成员既相似，又有差异。恰当的评价需要明确好坏标准（或什么是更好，什么是更坏）。最后，因果关系需要说明事件的前后关系（或不存在前后关系）。

8.1.2 实用性的观点

实用性的观点为某种行动或政策做辩护（或反对）。实用性的观点由一系列观念性的观点构成：一是要证明问题存在，其次要分析出问题的原因，接着提出解决问题的建议。读者希望你解释如下几个问题：

● 为什么你的答案是可行的？要花多少时间和多少力气？

● 解决问题能带来什么好处？

● 会引发更大的问题吗？

● 为什么你的方案能以最低的代价和最快的速度实现？——这个问题通常很难回答清楚。

如果你不回答这几个子论证，却坚持自己的观点，读者可能会拒绝你的观点。

所以，在你进行论证时，要明确提出观点的类型，可以是观念性的观点，也可以是实用性的观点。如果是观念性的观点，不要夸大其对实际行动的重要性，至少不要在你的论文的开始就这样宣称。如果你想给你的观念性的观点增添一个实际行动，你可以在论文的结论部分中提出。

在那里，你提出一个值得考虑的行动，并给出理由（我们在第 16 章中还要谈到这点）。

8.2 评价你的观点

我们不能告诉你如何提出好的观点，但我们能教你如何从读者的视角评估你的观点。总之，读者希望看到既具体又有意义的观点。

8.2.1 观点要具体

模糊的观点导致模糊的论证。观点越具体，你论证起来就越容易，也更能吸引读者的注意力。如果你表达观点时，用词准确、逻辑清晰，读者就会感到你的观点比较具体。

语言准确。比较这两个观点中的用词：

电视夸大了犯罪率。

地方电视台的犯罪数据使观众误以为其邻居的犯罪率和个人及其家人的安全问题超过实际的 150% 以上。

第一个观点比较模糊，我们不知道从何而来。第二个观点有比较具体的概念，不仅帮助读者更好地理解该观点，还提供了更多继续发展的线索。确实，比较精确的观点暗示论证即将展开。

我们不建议写很长的观点，长的观点并不好。你初写观点时可以多用一些词，虽然在修改时其中的某些词会被删去，但总之你会因此而受益。最终，你的观点要足够具体，满足读者的需要，但仅包括你要在论证中展开的概念。

明确的逻辑。你在表达观点时要有明确的逻辑。下面这个观点的语言相当精炼，仅用了一句话：

电视观察夸大了本地区的犯罪率和他们家庭成员所面临的危险。

在自然科学和社会科学中，这样表达观点很普遍，受到偏爱，但在人文领域，这样表达会显得单薄。当你在草拟观点时，你可以用两种方法突出观点的逻辑性：

- 用一个“虽然”引导的状语从句提出限定条件。
- 用一个“因为”引导的因果从句做句子的结束。

例如：

虽然犯罪率一直在下降，但电视观众对本地犯罪率高估150%，误判了个人和家庭所面临的危险，因为当地电视台不断报道犯罪的伤亡人数，犯罪地点全是大家熟知的地方，这就使得大家相信晚上出门就会遇到犯罪。

上述观点虽然显得有点啰唆，但预示了写观点所需的五个要素中的三个：（1）条件子句“虽然有如此条件X”；（2）但我宣称Y；（3）因为Z。你可以用“虽然”引导的让步状语从句，引导出（3）中可能的观点：

- 你要挑战读者的某种观念：

  虽然大多数人相信自己的安全判断，但电视观众高估了……

- 你与读者之间有冲突的观点：

  虽然大多数安全专家认为恐惧是安全防范意识，但电视观众高估了……

● 对你的观点有影响的条件：

虽然很难确切地衡量人的安全意识，但电视观众高估了……

如果读者可能有这样对你不利的想法，你要先承认其合理性。你不仅要暗示你理解他们的观点，还要承诺在此后的论证中要加以回应。

在写句子最后的因果从句时，你要提出一些理由支撑你的观点：

虽然许多人认为学生穿校服可以降低校园暴力，【不利的观点】但这种说法的证据不足，因为研究人员没有能排除其他可能的影响因素，【理由1】且所用的统计数字也存在疑问。【理由2】

再强调一次，我们不建议你们写如此复杂的观点。但观点复杂点儿，你的论证可能就会好一些。

8.2.2　观点要有意义

当观点变得具体了之后，读者最关心的是其意义，意义这个属性的度量是观点能在多大程度上改变读者的思想。虽然我们不能量化观点的意义，但我们可以粗略地估计一下：如果读者接受了一个观点，必须修改多少原有信念？最有意义的观点能让一个研究社团改变他们最基本的信念（社团的成员自然会产生抗拒的想法）。

有些研究社团认为，如果一个观点只需要他们在有共同兴趣的基础上接受新证据，那么这个观点就足够有意义了。

在这里，我要描述六种威尔士语中的拉丁语法。这些语法是最近才发现的，仅是个例，不是全部。我们通过这些语法可以理解中世纪的语法规则。

（回想一下在第 2.3.3 节中提到的影片）

读者对研究工作的评价有自己的尺度。比较好的研究，不仅要能更新数据，还能用数据回答那些令人感到迷惑、混乱的难题：

很久以来，大家一直在争论消费者信心的波动是否会影响股票市场，但新统计工具发现两者之间几乎没有关系……

当你的新数据或猜想改变了读者的固有观念时，他们给予你最高的评价：

现代物理学长久以来一直相信光速在各种条件下是恒定的，但新数据表明可能不是这样。

这样的观点将会挑战一大群物理学家，因为它如果是真的，那么物理学家不仅要改变对光的看法，还要改变许多其他观念。

如果你是刚进入一个新领域的新人，你不会知道基本概念应该如何改变（你甚至可能认为是不可能的），但你可以根据读者反应的激烈程度知道你的观点有多大的意义。方法之一就是考虑相对立的观点：

哈姆雷特不是一个肤浅的角色。

这份报告总结了最近有关蜜蜂消失的研究。

为了试验一下这两个观点引发争辩的价值，你可以把它们变成否定句：

哈姆雷特是一个肤浅的角色。

这份报告没有总结最近有关蜜蜂消失的研究。

如果否定原观点似乎完全错了（比如第一个），或无关痛痒（比如第二个），读者就会觉得原观点不值得去论证（当然，有些伟大的思想家曾成功地逆转明显正确的观点。例如，哥白尼证明太阳不绕着地球转，这在那个时代被认为是愚蠢的）。

如果你是高级研究人员，你衡量观点意义的尺度可以是看你的观点能在多大程度改变研究社团成员的思想状态和研究方式。只有少数几个科学发现的意义可以跟克里克和沃森有关 DNA 结构的发现相比。这项发现不仅改变了生物学家对遗传的观念，还打开了新的研究方向。

但小观点照样可以做出贡献：小观点也能改变人的思想。例如，如果你发现亚伯拉罕·林肯读过一些小哲学家的著作，历史学家就能梳理出林肯哪些思想受过哪些哲学家的影响。

如果你是研究新手，你自然不必去挑战专家，仅引起你的老师注意你就行。如果你不能肯定他会，那就设想他是一个跟你一样的人。开始研究之前，你有什么想法？研究结果会怎样改变你的想法？你如今理解了什么是从前不理解的？这是最好的应对读者之策，因为他们会在某个时候问你那个最让研究人员头疼的问题：不是“我为什么应该相信你说的话”，而是“我为什么应该关心你说的话”。

8.3　有分寸的观点才能获得信任

有一些研究新手认为观点越大胆越可信，但过度自信最伤害你的信誉。真相似乎很矛盾，如果你谦虚地承认自己有局限，你的论证反而更加令人可信。你理解读者的意思，考虑他们的处境，由于你尊重读者而受到他们的信任（第 10 章有更多的讨论）。如果你观点太夸张，你就会失去他们的信任。你限制自己的观点不超越现实，读者实际上就会支持你的论证。

8.3.1 承认局限性

每个观点都有适用条件：

> 我们认为地震中心在东京西南50英里的地方，我们假定仪器是精确校准过的。
>
> 我们认为航空制造达不到20世纪的水平，除非爆发新的全球战争导致军事费用增加。

每个观点都有许多条件，但你只需提交给读者可能关心的条件就行。科学家很少承认他们的观点受制于仪器的准确性，因为大家都认为科学家的仪器必须是准确的，但经济学家经常会指出自己观点的局限性，因为条件变了，他们的预言就不对了，还因为读者想知道哪些条件要关注。

一些重要的限制性条件，即使你觉得读者不会问，你也要考虑提出来。例如，在下面的例子中，作者认真地给出了更加全面、更加准确的观点：

> 今天，富兰克林·罗斯福总统是我们最崇敬的历史人物，但他在第二任总统期间很不受欢迎，至少是在某些美国社会阶层里是这样。【观点】例如，几家报纸攻击他鼓吹社会主义。在现代社会里，受到报纸攻击的政府是会有麻烦的。1938年，中西部70%的报纸指责他想让政府管理银行系统……有些人为他辩护，比如尼科尔森（1983，1992）、威金斯（1973），他俩根据传言说罗斯福受到很高的赞誉，【承认】但又不得不承认他俩所用的回忆录均是崇拜罗斯福的人写的。【回应】除非可以证明批评罗斯福的报纸受控于特殊利益集团，否则报纸的攻击表明对罗斯福总统不满的大有人在。【修改后的观点】

8.3.2 用模糊限制语降低确定性

只有在极端情况下，我们才能肯定地说我们的观点是100%正确的。

谨慎的人在写观点时总是使用一些模糊限制语。例如，应该没有人比克里克和沃森更自信，因为他俩发现了DNA的结构，但他俩在宣布发现结果时，特意给出了限定条件（模糊措辞用黑体；引用用缩写）

> 我们**希望提出**一种（注意：作者客气地说“一种”）脱氧核糖核酸的盐类结构……，核糖核酸的结构已经被鲍林及科里提出……**依照我们的看法**，这些结构因为下面两个理由而不够令人满意：（1）**我们相信**，显示X光放射图的材料是盐类，而不是自由基……（2）**某些**“凡得瓦距离”**似乎**太短。（沃森、克里克，《核糖核酸的分子结构》）

如果没有模糊措辞，克里克和沃森的观点将会更简洁，但也会更为强势。试着比较上面谨慎的段落与下面未有限制的版本（多数比较强势的语调是因为缺乏限定条件）：

> 我们在此**宣告**脱氧核糖核酸（DNA）盐类的（the）结构……核糖核酸的结构已经被鲍林及科里提出……这种结构**是**不令人满意的，原因在于：（1）显示X光放射图的材料是盐类，而不是自由基……（2）它们的“凡得瓦距离”实在太短。

当然，如果你用模糊限制语太多，就显得胆怯或不确定，但在大多数研究领域，读者不信任毫无节制的夸大其词，比如用“全部”“没有任何一个”“每一个”“永远”“从不”表达的观点。有些老师说他们不许用模糊限制语，但他们真正反对的是给每一个小观点都冠上模糊限制语的做法。有些研究领域用模糊限制语多，另一些研究领域用模糊限制语少。究竟多少，要凭感觉。模糊限制语太多，显得你不够坦率；模糊限制语太少，显得你过度自信。很不幸，这两者之间只有一线相隔。所以，你要先观察你的研究领域是如何管理不确定性的，然后学着做。

第 9 章　理由和证据

在本章中，我们要讨论支撑观点的两大要素：理由和证据。我们要教给你如何区分此两者，如何用理由组织论证，如何评估证据的强弱。

读者看论证时首先看论证的核心，看观点是怎样获得支撑的。他们特别关注观点背后的理由，因为观点是否可信要看理由是否符合逻辑。如果理由符合逻辑，他们再看证据，证据是论证的基石。如果他们不接受证据，就会拒绝理由，这就等于拒绝了观点。

所以，你在组织论证时，必须给出一组可信的理由，不仅有清晰的逻辑，还要有证据，这样读者才能接受。本章将教给你如何做到这点。

9.1　论证的逻辑结构

当你给理由安排次序时，你的论证就有了逻辑结构。为了检验那个结构，你可以用传统的大纲结构或其他形象化的方法。你或许会发现用“梗概图表”是很有用的。在画梗概图表时，你在索引卡或纸张上方写下你的主要观点和每个理由（子理由）。然后在每个理由（子理由）下面，罗列出支撑该理由的证据。如果你一时还找不到证据，可以先注明你需要什么样的证据。

最后，把白纸或索引卡片贴在白板或墙上，这样你一眼就可以看出卡片之间的逻辑关系。

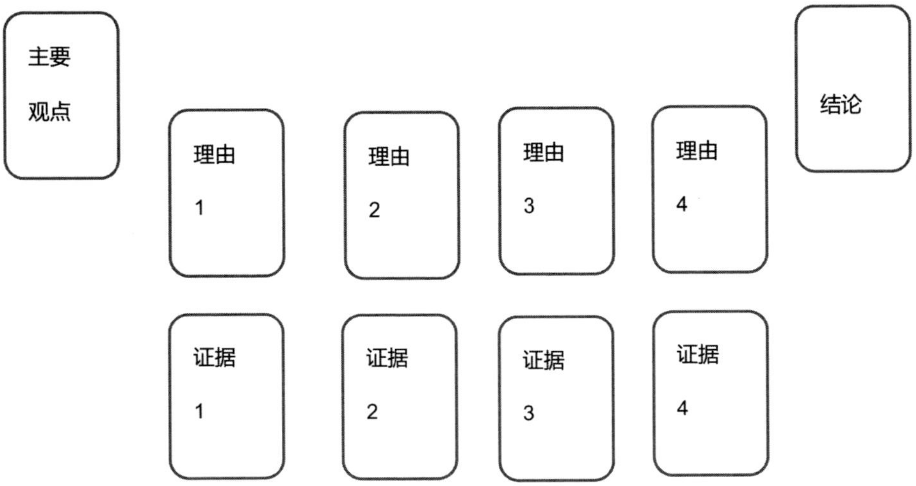

读一读卡片上的理由，不用看细节，看看理由的顺序是否合理。如果顺序不合理，重新组织一下，直到你觉得合理为止。做完这项工作，你就等于完成了论证的大纲，但还不是论文的大纲。在你写第一稿的时候，你会根据自己对读者的理解重新考虑论证中的理由，或许你会给出新的顺序（参考 12.1.3）。

9.2　区分证据和理由

一旦你比较好地把理由的次序安排好之后，你要花时间看看每个理由是否有足够的证据做支撑。除非读者看到你的理由有坚实的证据做支撑，否则他们是不会接受你的理由的。在这个问题上，你没有发言权，但读者有。一句陈述句必须说点什么让读者坚信不疑，才能被视为证据，至少对论证而言如此，但如果读者真有疑问，那么你自以为是的证据对读者而言仅是一个理由，这意味着你还没有为你的论证找到坚实的证据。

考虑这段论证：

美国高等教育体系必须削减不断上涨的学费，【观点】因为高学费影响美国梦的实现。【理由】如今大部分学生毕业后面临沉重的债务问题。【证据】

最后那句话，作者以为是“事实”，但并不坚实，所以做不了理由的证据。

但有怀疑精神的读者可能会问，那样说缺少事实根据。你有什么数据说明“大多数学生”和“严重债务”的实际状况吗？读者这样问，就是视之为缺少事实根据的理由。作者必须增加类似于下面的东西：

2013 年，70% 的学生向学校借贷，平均每人 3 万美元，这样重的债务，学生是无力买房组建家庭或继续深造的。【证据】

当然，如果遇到真正疑心重的读者，他会继续问道，这些数据从何而来？为什么说这种状况是一场危机？为了回答这样的问题，作者必须提供更加坚实的数据，比如提供近几届毕业生的负债数据。如果作者做过研究，便可以提供原始数据。如果作者引用别人的研究成果，也是可以的，但要证明数据源是可靠的。真正认真的读者会不停地提问。

试想一下，如果读者理直气壮地不断询问，你是怎么知道的？你有什么事实根据？这就意味着你没有给读者提供确凿的证据。如果有专家让我们相信他的研究结果，但又不告诉我们事实根据时，我们就会变得认真起来，询问证据在哪里。即使你有好的证据，你也要清楚地告诉他人你是怎样获得的。如果证据是你从其他地方获得的，你要注明证据的出处。

证据意味着什么

当我们谈论证据时，我们是在暗示：好证据是坚实的，可以用于支撑论证，是我们眼见为实的东西。坏证据是脆弱的或薄弱的。这样的语言鼓励读者认为证据是独立于个人意识和判断的现实，但数据永远是人搜集到的，他为了制造出证据自然要对数据做一番塑造。在做论证时，要牢记一点，你的证据只有在读者不去质疑的情况下才能算作是证据，但如果读者又质疑了，那只能另当别论。

9.3　证据和证据的展示是不同的

现在有个难题：研究人员极少亲自展示证据。即使你亲自统计野外兔子的数量或面谈失业人员，你也仅能在报告中使用文字、数字、表格、曲线图、图片和录像等手段提供证据。例如，一位检察官在法庭上说琼斯是毒贩，并拿出了一袋可卡因做证据，甚至把它交到陪审员的手里（当然，检察官和陪审员都必须相信琼斯拿的那袋白色物质经化学家鉴定确实是可卡因）。但当检察官写起诉书时，他不能把那袋可卡因钉在纸上，而只能用文字提交或给予描述。

同理，研究人员不能与读者“面对面地”分享证据。例如：

情绪在理性中所发挥的作用，高于许多人的认识。[观点]实际上，如果人脑中没有情绪中枢，我们无法做出理性决定。[理由1，支撑观点]情绪中枢受损的人连最简单的决定也做不出。[理由2，支撑理由1]例如，考虑Y先生的情况……[展示证据]

这段论证没有给出脑部受损者的证据；能提供的报告是病人的行为特征观察、脑部扫描的胶片、病人反应时间的数据表格等等（实际上，我们更希望读到观察报告，而不是看脑部扫描胶片）。

我们看到证据和展示证据是稍微有点不同的，但这点不同强调了两点重要性。首先，从参考文献上引用的数据，必定有某种原始资料的烙印，你引用数据时不能歪曲，只能按原参考文献的形式用。例如，假如你想说明崇拜明星扭曲了合理的薪酬，那么你就需要用证据说明运动员和演员的薪酬比最好的医生、将军、官员要高许多。官员的薪酬，你可以在政府报告中找到。除非你看了奥普拉和泰格·伍兹（没有人知道他们说的话可信度有多高）的个人所得税单，否则你只能道听途说。除非告诉你消息的人是可靠的、守规矩的，手里握有原始数据，你所有的远远不是证据，不能用作论证之用（消息在传递过程中肯定会失真）。

第二，当你引用数据作为证据时，你无法避免不对数据进行某种改造，从而适合上下文的需要。即使你自己收集数据，你仍然需要进行整理，使之看上去更加一致，最后把统计数字记录在笔记本上。事实上，在你开始收集数据前，你必须先决定收集什么数据，如何对数据进行分类，如何排序，采用表格、条形图，还是曲线图。甚至图片和录像也反映了某种特殊的视角。总之，证据由收集者塑造，他把自己的意愿融入其中。

所以，证据在传递中质量变差，这就是为什么那些读过大量研究文章的人要求提供证据可信性的原因。如果你亲自收集数据，读者会想要知道你是怎样收集的。如果你是引用他人数据，读者希望你使用原始数据。他们还会要求你的引用是完整的，并提供参考文献目录，以便他们随时可以去看原始参考文献。总之，他们想知道所读到的证据就是真实的证据。

300 年前和现在的可信赖的证据

在实验科学的早期，研究人员用肉眼观察，讲信誉的科学家亲自观察，从而确保证据是准确的。如今研究人员不再依赖肉眼观察了。与过去不同，每个领域的研究人员都为证据收集方式和报告方式制定了标准，确保数据的可靠性（但一些研究人员依然造假）。如果你遵守研究领域的标准，你等于在催促读者接受你的证据，而读者不必亲自审查数据的真伪。当你在阅读第二级资料时，记录下其引用证据的方式，然后跟着学。写社会学的文章，要像社会学家的样子。

在我们这个时代里，到处是值得怀疑甚至伪造的研究报告和意见调查报告，所以你必须使读者相信你提供的数据。你是信用链的最后一环，你必须仔细研究谁的数据可以引用、如何引用。

9.4 评估证据

当你知道了读者期待怎样的证据之后，你必须检验你的证据是否可靠：充分且有代表性吗？数据准确吗？出自权威的参考文献吗？对学术研究而言，这些都是很正常的要求。我们在交谈中经常使用它们，甚至在跟孩子交谈时也一样。在下面的例子中“家长”在找“孩子”的错：

孩子：我需要一双新的运动鞋，【观点】你看，这双似乎已经太小了。【证据】

家长：你的脚不会在一个月的时间里长得那么快，而且现在这双鞋子看起来还不错，也不至于把你弄得很痛（亦即：我承认你所提供的证据或许有关联，但我拒绝的理由首先是这些证据并不正确，其次是就算这些证据是正确的，“似乎太小”这句话也不够精确）。

孩子：但在学校里穿太破了，【理由】你看它们都已脏成这个样子了，还有这些破破烂烂的花边。【证据】

家长：鞋子脏跟花边破烂都不是买新鞋的理由吧！（即你的事实也许是正确并值得考虑的，但鞋子肮脏与花边破烂并不是在学校不能穿的充分证据）。

孩子：穿这双鞋让我觉得脚痛，【理由】你看我走路都一瘸一拐的。【证据】

家长：几分钟前你不是走得好好的吗？（即你所提的证据缺乏代表性）。

孩子：别人都认为我该换双新的运动鞋了，【理由】就连哈里也这样说。【证据】

家长：哈里的意见并不那么重要（即哈里可能说过这样的话，但他的意见并不权威）。

读者评估证据的方式跟这位家长评估孩子一样。读者要求证据是准确的、充分的、有代表性的、权威的（读者还要求证据是相关的，但这点要留到第 11 章去讨论）。在你组织证据的时候，检查一下是否符合上述要求，然后再增添到你的梗概图表中。

9.4.1 展示证据要准确

仔细的读者都喜欢怀疑，你证据中的细微错误，他们会视为你不可靠的征兆。你论证所用的数据可以是实验室的，或野外的，或图书馆的，或在线的……无论怎样，你要确保数据是完整的、清晰的，在写完论文后要再次核查一下。把简单的事做好，既是对读者的尊重，也是为做更加困难的事打基础。有的时候你甚至可以用令人生疑的证据，但条件是你先承认它存在疑问。事实上，如果你指出对你有利的证据存在疑问而加以拒绝，这表明你态度认真，有自我批评精神，所以值得信赖。

9.4.2 精确得恰到好处

读者希望你的证据是精确的。观点的用词可能会使得他们无法评估观点的本意：

林业局投入大笔经费来防治森林火灾，但发生重大森林火灾的可能性仍然很高。

大笔经费是多少钱？可能性高是多少？30%，还是 80%？多大算大？代价多高算高？注意使用诸如“有些”“大多数”“许多”“几乎”“经常”“通常”“频发”“一般”等词。虽然这类词汇很可能限制观点适用范围（见 8.3），但也可能令人迷惑，为避免读者迷惑，研究人员要努力去寻找准确的数字。

但每个研究领域对准确的定义是不同的。物理学家以十亿分之一秒测量夸克的寿命，所以误差容限非常微小。历史学家以星期或月来估计苏联政府即将垮台的时间；古生物学家判断一个新物种的生存年代，他们使用的时间单位动辄数十万年。根据不同领域的标准，这三种描述方式都是精确得恰到好处（证据也可能过于精确。只有愚蠢的历史学家才会断言苏联会在 1987 年 8 月 18 日下午 2:13 分解体）。

9.4.3　提供充分且有代表性的证据

初学者经常犯证据不足的错误。他们觉得自己引用一句话，或提供一个数字，或讲一个故事，就足以证明观点（当然有时一个证据就能否定观点）。例如：

> 莎士比亚肯定恨女人，因为《哈姆雷特》《麦克白》中的女人都是既恶毒又软弱。

读者需要更多的证据才能接受这个观点。

即使你提供了大量证据，读者仍然会要求你的证据必须有代表性，把所有可能找到的证据全都找出来。两部莎士比亚戏剧中的女人不代表他笔下的所有女人，莎士比亚的戏剧也代表不了所有伊丽莎白时代的戏剧。读者特别关心你的证据是否是大数据集合中的一小组样本，仅是简单地找几个例子。当你对数据进行采样时，你不仅需要使样本具有代表性，还需要向读者说明其代表性。

别人批评你的观点，可以说你的证据没有代表性，仅是道听途说。你的证据可能有代表性，也可能没有。如果你的观点仅能找到一个或两个证据，虽然它们具有代表性，但很容易被他人说成是故意选出来的。当然，如果没有统计数据可用，个例证据也是有说服力的。有说服力的故事、案例或例外情况证实了有吸引力的奇闻轶事能够创造论点，但这也有风险，因为论点像它的证据一样坚不可摧。

9.4.4 考虑权威的分量

不同领域定义和评价证据的方式不同。如果你是初学者，你要主动去了解你的领域内读者接受什么证据，不接受什么证据。批评使你痛苦，但能帮你获得经验。痛苦稍微少一点的方法是通过学习反例，看看哪些证据因为被认为不可靠而被拒绝了。通过听老师的讲评，或参加课堂讨论，你也可以知道别人认为什么样的证据是不充分的。通过学习失败的论证例子，你能更好地理解好的论证应该是怎样的。

如果证据的来源不是权威的，读者有可能也会认为证据不充分。20 世纪初，纽约人就只认本地的报纸，他们说："如果是《太阳报》说的，那就是真的。"一般说，读者根据权威证据源在严谨和客观方面的声誉高低去判断其权威的高低。例如，大多数读者认为研究者从美国疾病控制中心获得的能传播病毒的数据是可信的证据，甚至允许他们犯错误。但维基百科上的证据就不被人们接受了。因为维基百科被视为不权威。"考虑到其来源"这句话其实是在说证据缺少权威性。

第10章　承认与回应

论证，只有承认了其他观点的存在，才算完整。这一章向你展示如何通过承认并回应读者可能提出的问题、反对意见、替代建议而变得更加具有说服力。

论证的核心是观点，观点需要理由的支撑，而理由又需要证据的支撑。为了使论证更加有力，你可以多提供一些理由，或给每条理由分别增加几个支持性的理由和证据。但如果你给读者的仅是观点、理由和证据，无论你觉得它们多么有说服力，你的论证仍然会显得单薄或无知，甚至会让读者不屑一顾。要想论证成功，你不仅需要把观点、理由和证据组织在一起；你必须使要论证的观点对读者有帮助，帮助他们化解正要解决的问题。（见第7章）

你可以把你的观点作为解决读者问题的方案提出来（我们在第16章中要多谈这一点）。你在论证中还有其他手段可以使用：预见读者可能的疑问和意见，在承认其存在的基础上加以回应。在你策划和写作论文的时候，你身旁并没有读者提问。所以，你必须想象出他们的问题并加以考虑。这样你才能与读者建立起合作的关系，就好像你在跟读者对话一样。

在这一章中，我将向你展示如何预见读者可能提出的两类问题，以及如何加以回应：

● 内在合理性：他们可能会说你的观点不够清晰，质疑你的理由不贴切，说你的证据质量不高。

● 外在合理性：他们可能会请你考虑不同的论证形式——针对不同的研究问题，花精力去研究你没有注意的证据，关注其他人在该研究问题上的见解。

如果你能预见到读者可能提出的上述两类问题并加以承认与回应，你就是在跟读者对话，他们便更愿意信任你，接受你。

10.1 像读者那样质疑你自己的论证

在做论证计划和写论证草稿的时候，如果你一直都在想读者可能的反应，你有可能会害怕得不敢写下去。所以，你要集中精力把自己想写的观点、理由和证据先写下来，形成你的论证核心。一旦写完论证的核心，你便可以想象读者会有什么样的反应。这样做可能会很困难，因为你太熟悉自己的论证，无法认真地挑战自我。如果你有条件请到可以信赖的朋友、老师和同事来挑战你的论证核心，那就这样去做。这有助于你发现论证中存在的问题，预见读者可能提出的不同意见。如果你没有这样的条件，那就想象出一群疑心特别重的读者，他们比一般读者更加激烈地质疑你的论证。

在做这件事的过程中，你要像一群普通读者中的一员那样提出富有想象力的质疑，不要像打防御战那样保护自己的论证，要像在进行热烈的讨论。审视你的论证，要从一个立场不同、希望你出错的人的角度出发。

首先，审视你的问题。下面是一位想象中的读者可能提出的问题：

1. 你为什么认为此处有问题？——“花这么大力气解决这么小的问题，有意义吗？”

2. 你的问题定义得恰当吗？是实际性的，还是概念性的？——“或许你的论点跟这个问题无关，跟另外一个问题有关。”

然后，考虑你的解决方案：

1. 你的解决方案是实际性的还是概念性的？就是说，你是要读者做什么，或是理解什么？是否与问题相符合（实际问题需要实际的解决方案；概念问题需要概念解决方案）？——“你解释了错误何在，但你没有说如何改正。”“你说我们的认识有缺陷，但你没有说出新的看法。”

2. 你在说自己观点时是不是太武断了？——“我能想到例外情况。”

3a. 为什么你的方案在解决那个实际问题时比其他方案要好？——“我认为你提出的方案代价太高，还会引发新问题。”

3b. 为什么你的方案在解决那个概念问题时比其他方案要好？——“好像与我现有的知识不一致。”

如果你提出一个问题，但又不能作答，那么你就要想清楚是否要继续研究下去。不要轻易放弃——不花费时间，永远解决不了问题。

记录下你论证中看似薄弱但实则厚实的地方。例如，如果你预测读者会批评你的解决方案代价高，但实际情况并非如此，那么你可以先承认代价问题需要考虑，然后做出回应，这样就能化险为夷：

似乎集中精力解决几家银行的问题，我们就是在化解导致金融危机的系统力量了，但我们的研究表明，实际并非如此……

其次是证据问题。试想有一位读者质疑你的证据，他可能会说这样的话：

“我希望看到其他类型的证据——客观的数据，不是传说（或者是真人故事，而不是冰冷的数字）。”

即使你提供的证据类型恰当，读者也有可能对证据的质量存在疑问：

1. 数字有问题：合计不对。
2. 不够准确：“许多”是什么意思?
3. 不是最新成果：应该有比较新的研究成果。
4. 数据没有代表性：你没有获得全面的数据。
5. 没有权威性：史密斯在这方面不是专家。

最难以对付的反对意见是这样的：

你需要更多的证据。仅这点数据不够（引用、数字、故事）。

大多数研究人员难以找到足够的好证据，使得论证有坚实的基础，如果研究时间紧，那就更难了。但教师抱怨最多的是学生刚找到一点证据就认为足够了。

如果读者心中有自己的解决方案，且不同于你的，那么他们的疑心就特别大。所以，如果你觉得你的证据有弱点，那就要在读者拒绝之前坦率地承认，因为你夸大其词了。

最后，读者可能看不出你的理由如何支撑你的观点，或看不出你的观点可以从理由推演而来。第 11 章将主要讲这个问题。

总之，当你组织论证，验证观点、理由和证据的时候，要像疑心最大的读者那样提出疑问——你甚至要比他们的疑心还大才行。那么你就能应对你能想象出的最严厉的反对意见。要让读者看到，在他们折磨你的论证之前，你已经彻底地自我折磨过了。

10.2 想象不同的论证方案

当你指出自己的论证有局限性时，读者就会对你表示信任，读者觉得你是诚实的，能公平待人。但这仅是一个防御手段。如果你向读者展示出，你不仅理解自己论证的优点和缺点，而且还在考虑给出不同的论证方案，读者对你的信任可能还会增加。为此，你在论证中必须考虑基于不同视角的论证方案，不仅要承认存在不同方案，还要做出回应。

如果你对研究领域和读者比较熟悉，你可以试着想象出可能的替代方案是什么。但通常最好的办法是在参考文献中寻找新思路。在第 6 章中，我们鼓励你积极研究参考文献，不仅从中寻找数据，还可用于激发思想。参考文献中有许多可供参考的思路，你可以在论证中采用。

你可以把二级资料视为针对你的话题、疑问、问题所展开讨论的记录。你是可以参与这个讨论并发言的。当你读资料时，记录下资料中不同的观点、不同的讨论方式、不同的侧重点等，特别要记录下你与资料之间的不同之处，还可记录不同资料的不同之处。所有这些不同之处，可以帮助你提出替代方案，供你在论文中加以承认与回应。如果你在读某种资料时发现自己有想法，可以写下自己的评注。

你不仅可以针对资料中的观点做回应，还可以针对其证据做回应。如果你发现资料中的证据不可靠或不相干，不要轻易忽略它。如果你的读者可能认为该证据有所关联，你可以承认这一点并解释你为什么没有采纳该证据。

最后，资料还能帮助你推测读者对你论证的反应。你的读者很可能与资料的作者相像，有时那些作者就是你的读者。

10.3 有选择地承认

如果预见到读者可能提出一些疑问、替代方案和反对理由，那你就面临艰难的选择：如果承认得太多，那会让读者无法专注于你的论证核心；如果承认得太少，又会让读者觉得你不重视甚至无视他的意见。你需要斟酌：承认多少论点才恰到好处。

10.3.1 选择承认什么

为减少替代方案或反对理由的数量，可考虑如下优先方式：

- 对你弱点合理的批评，但你有能力反驳的；
- 在你的研究领域中重要的可选论证方式；
- 读者希望看到的不同结论；
- 读者知道的其他证据；
- 你必须加以解释说明的重要反例。

寻找可以让你重述自己部分论证的替代方案。例如，如果读者针对你的定义想到一些特例，而事实上他们想到的并非特例，那么就承认读者的看法并利用回应来强调你的定义：

有些人认为食物可能会成瘾，但是请记得，在这里，我们的讨论只涉及那些依正常而言会成瘾的物质，而不是那些……

或许读者想到了一个接近你的方案的替代方案，你可以利用这个机会再次强调你的方案的好处：

大多数研究人员辩称写作规则和格式不仅不会提高写作能力，反而会降低写作能力，因为写作是“潜意识在工作，而不是一个遵循规则的有意识的过程”。这种说法对部分写作过程来讲是正确的：作者在写草稿时不应该遵循规则。但写作不仅是写草稿，其中包含了许多有意识的过程。我们在此处展示的是在进行有意识的写作活动时可以用什么规则，不可以用什么规则。

最后，承认那些读者特别中意的替代方案，但你在回应时不能表现出轻视读者的意思。轻视读者中意的替代方案，倒不如略而不谈。

10.3.2　承认论证的缺陷

如果发现你的论证中有缺陷，且无法修正或解释，你可以试着重新定义问题或重新组织论证，避开这些缺陷。但如果你做不到这一点，你将面临困难的抉择。你可以不提这个问题，寄希望于读者不会发现。但这样是不诚实的。如果读者确实发现了，他们会怀疑你的能力。而且，如果他们觉得你企图隐瞒，他们会质疑你的诚实度。我们的建议可能天真，但却有效：承认自己的错误，然后做出回应：

- 论证还有其他部分，足以弥补那个缺陷。
- 虽然缺陷是严重的，多做研究可以避免。
- 虽然那个缺陷使人难以全盘接受观点，但你的论证提供了重要见解，指出了一个更好的解决方案还需要什么。

有时，研究人员把他们想要证实但却无法证实的观点转化为假设，让读者觉得假设合理，从而转危为安。然后他们再证明假设不成立：

当陪审员听取案件事实陈述时，陈述的重点是受害者，且突出受害者所遭受的苦难，陪审员很可能会谴责被告。原告律师的标准做法就是如此。但是事实上，我们发现两者之间并没有关联性……

10.3.3 承认你回答不了的问题

初学做研究的人，有时认为他们的目标是给研究课题做结论，就是说他们的论证要获得一致赞同。但这是错误的。有经验的研究人员和教师知道，所有的论证都有可被攻击的地方，真理往往是复杂的，总是伴随着争论。实际上，最激动人心的研究成果往往不是解答我们熟知的问题，而是引出一连串我们未曾意识到的新问题。对观念问题的研究来说，这点特别适用，但对实用研究也一样。

如果你不假装知道所有的东西，承认自己有局限，特别是那些让你感到难受的局限，有见识的读者会给予你比较高的评价。退让是在请读者参加讨论，因为那等于承认了他们的观点是有意义的，这有助于培育团体研究的气氛。如果你能给他们有趣的新问题思考，他们会很高兴的。这样讨论就能继续下去。

10.4 以回应来作为次要论证

在承认有替代方案、反对意见有合理性的时候，你可以借机做出回应。但你不能只是提出一个对应观点。即使是一个很小的回应，也是你限制或否定对方观点的理由：

有些人认为食物可能会成瘾，【承认反对意见】但我们在这里只关注依正常而言会成瘾的物质。【反对意见不妥的理由】

这样的初始回应或许已经足够了，但是否真够要看读者能否看出你回应的理由，或许你回应的理由特别明显，或者是因为你在之前论证过。如果不是这样，你要用额外的理由和证据加以解释：

有人争辩说食物成瘾，【承认反对意见】但我们在这里只关注那些依正常而言会成瘾的物质。【反对意见不妥的理由】有些人只要尝过一次巧克力，可能以后便无法抗拒它，但是比起那些只试过一次可卡因后便立刻成瘾的人，那些渴求巧克力的人只是一小部分。【子理由】克诺维茨（1998）发现，只要接触过一次可卡因，便会导致……【展示证据】

如果你想做更加具有实质性意义的回应，你需要完整的论证，给出多个理由和证据，或许还需要论据、附加的承认和回应（此时你只需把承认和回应放在论证计划中的恰当位置上。在第 12 章中，我们将讨论应该将其放置在写作计划中的何处）。再说一句，当你对替代方案进行回应时，你需要做出平衡的选择：不能太多，也不能太少。只有经验才能告诉你如何做出平衡。所以，留意专家们是如何做的，学着做。

10.5 承认和回应时的用词问题

由于有些作者想不出有什么替代方案可以承认，所以他们无法做出任何承认。本章提供的策略帮助你克服这个困难。另外有些作者想承认其他可能性，但又害怕这会削弱自己的论证。事实上，大多数读者认为，如果作者承认有其他可能性，其可信度就增加了。有些作者故意不承认其他可能性，故意不回应不同意见，因为他们不知道如何表达。本小节教给你如何做。

当你做承认和回应时，你必须想好你打算花多大力气去做：你可以简单地提一下，也可以表示轻视，还可以详细地讨论。我们基本上按照上述次序给出我们的建议，从最轻描淡写的回应，到最庄重的回应（括号中的和斜杠后的表示替代方案）。

10.5.1 承认反对意见和替代方案

承认反对意见或替代方案时，你要用能显示你重视程度的语言。你可以考虑用如下格式。

1. 针对某个反对意见或替代方案，如果不想表示出重视，你可以用“虽然”“尽管”等词引导出：

虽然国会宣称想削减税负，【承认】但最终的预算书暗示……【回应】

尽管香港经济有问题，【承认】但东南亚的经济强劲……【回应】

2. 你可以间接做承认，方法是用“似乎”“好像”“可能”“似乎有理”“说得通”“合理”“令人吃惊”“肯定地”等词做引导：

林肯在信中所表达的（似乎／好像）是抑郁的情绪，【承认】但是那些看到他的人……【回应】

这个计划（也许／表面上好像）有些优点，【承认】但是我们……【回应】

3. 在承认替代方案时，可以将其归为一项未提及的原始资料，或是根本没有出处的原始资料，从而降低该反对意见的重要性：

可以轻易地（想到／臆测／声称／断言／认为），税金应该要……【承认】但有（其他的／替代的／可能的）（解释／论证／理由／可能性）。【回应】

有些证据（可能／也许／能够／可以／确实）（提出／显示／指出／断言／引导我们思考），【承认】我们应该……【回应】

4. 你可以将替代方案归为较为明确的原始资料，这样可以增加一些分量：

（有些／许多／少数）人（可能／也许／能够／将会）（声称／认为／质疑／断言／谴责／反对）古巴不是……【承认】但事实上……【回应】

虽然（有些研究人员／批判家／学者）争辩说……【承认】但我们的研究表明……【回应】

研究者需要留意，有时候贸然贬低那些自己不同意的看法，反而会削弱自己的论证：

有些天真的研究者认为……

那位偶尔会粗心大意的历史学家 H，甚至还认为……

做回应时应当不加指责，对事不对人。

5. 你可以用第一人称，例如“我”“我们”，或者用被动语态或诸如“不可否认地”“假定是”“可以确定”等副词，表示你承认其有效性：

我（理解／知道／了解）自由主义者相信……【承认】但是……【回应】

电子烟的致癌性比传统香烟低，这可能是（真的／有可能的）……【承认】但……【回应】

（必须承认／应该承认／可以承认）没有可靠的证据证明……【承认】但

是……【回应】

（确实地/无可否认地/真实地/可以确定/无疑地/当然），亚当斯认为……【承认】但是……【回应】

我们（可以/能够/可能/也许/将会）（声称/质疑/断言/猜想），诸如注射器交换这类的公共健康计划鼓励……【承认】但其效果被其他因素超越……【回应】

10.5.2 对反对意见和替代方案做回应

把具有反驳意思的词放在句首表示不同意，比如说“但是”“然而”“另一方面”。如果读者还不知道你做回应的理由，你要向他们提供至少一个理由，或者你可以提供一段完整的论证。

你的回应可以是委婉的，也可以是尖锐的。

1. 你无需对资料的来源不清表示遗憾，而要对自己不能彻底理解表示遗憾：

但（我不是十分理解/我很难看出/我不清楚）为何 X 宣称……【回应】

2. 或许你可以指出，仍有一些尚未解决的议题：

不过，这里还有其他的议题……/尚未解决的难题……【回应】

3. 你可以用更直接的方式回应，提出被认可的部分是无关的或是不可靠的：

也许它是具有洞察力的，但是它（忽略/无关乎/不影响）现在这个议题。【回应】

但（证据／推论）是（不可靠的／有问题的／无法令人信服的）。【回应】
但论证是（站不住脚的／薄弱的／杂乱的／过分被简化的）。【回应】
但是论证（漏掉／忽略／错过）了主要因素。【回应】

你必须决定你做回应的尖锐程度。如果对方明显存在缺陷，你的回应可以尖锐一些，但应该对事，不对人。

4. 当你认为另一个研究人员似乎没有把问题考虑周全，你说话通常要客气些。

下面是几种可能性：

史密斯的证据是重要的，【承认】但我们必须查看所有可能的证据。【回应】
这解释了一些问题，【承认】但情况比较复杂，不能仅有一种解释。【回应】
那个原则在许多情况下成立，【承认】但并非在所有情况下都成立。【回应】

小建议：三种可预见的不同意见

读者至少可以提出三类替代方案：

1. 除了你的观点，还可能有许多种观点。如果你论证的是因果关系，记住任何结果都有多重原因，每种原因能产出多重结果。如果你论证 X 引发了 Y，一定会有读者能想出其他原因。欧洲蜂群可能会因为杀虫剂的使用而消亡，但见多识广的读者还可以列出其他可能的原因，包括栖息地、疾病、转基因作物和寄生虫的伤害。所以，如果你强调众多原因中的一个，你需要承认还有其他原因。如果你觉得读者可能会关注你没有提及的原因，你要承认读者的观点并解释为什么你没有关注。

2. 这些反例怎么看？无论你提供的证据多么丰富，读者都可能会想到推翻你的论证的例外和反例。所以，你必须有思想准备，承认几个比较可信的例外和反例。对那些比较逼真的，你要特别解释一下，说明为什么你认为它们不会像读者想的那样推翻你的论证。你要特别小心变化性比较大的自然现象，比如说气候。如果读者不太懂统计推理的话，他们会把重点放在个别事例上，其实个别事例只是常态分布的现象。佛罗里达在7月4日出现一次天冷的气候，并不等于全球没有在变暖，而新英格兰州某个圣诞节变暖也证明不了全球在变暖。

3. 我定义 X 的方式与你不同。对我来说，X 意味着……读者必须先接受你的定义，才能接受你的观点，因为定义是关键的论据（见下章）。如果你在研究尼古丁成瘾问题，你的读者必须理解“成瘾”这个词的意思。它意味着强烈的愿望，强烈到有人无法抵御，还是无人能抵御？你可以在字典中找到这个词的定义，也就是几行字，要是你在医学参考书中找，你能找到几页纸的定义。但无论你找到的参考资料怎样说，读者可能会给出符合他们观点的新定义。香烟制造商早就争辩说，因为有些人能戒烟，所以香烟不会上瘾；批评人士则争辩说，香烟会上瘾，因为有更多的人做不到戒烟。

当你的论证受阻于某个词的概念，为了支持自己的结论，你就要定义它，为此你需要论证一番。不要把字典上的定义视为权威定义（千万不要在开始的时候说：“根据《韦伯斯特词典》，‘上瘾’的意思是……”）。一个词的定义可能有多个，这点你要有思想准备。如果你用的专业词汇有日常意义（比如“阶级”“理论”），你要承认其日常意义，然后解释你为什么要采用专业定义。相反，如果你在专业读者面前不准备用专业定义，你也要承认这一点，并解释你为什么选了另一个定义。

第11章 论 据

论据是一般性原理，把理由和观点联系在一起。本章解释在什么情况下及如何利用论据。通常，只有在读者不理解你的论证或你预计读者会挑战你的推理时，你才需要明确给出论据。如果你的读者是研究领域内的专家，你几乎可以不提论据的事，因为你的读者已经把论据视为理所当然。

考虑如下论证：

俄罗斯联邦面临生活水平下降问题，【观点】因为其出生率才千分之13.2，平均寿命仅63岁。【理由】

有人回应说：

你有关俄罗斯出生率和平均寿命的说法是正确的，但我看不出生活水平下降与之存在何种关联。有什么联系呢？

怎样应对这样的问题呢？ 更为重要的是，如果这样的问题出现在写作中，就更加有必要思考如何回应它，因为你要在读者开口之前就先写出回应。

这就是论证中最复杂的第五项要素：论据。论据是一般性原理，把理由和观点联系在一起。论据是重要的，因为读者不仅有可能挑战理由的有效性，还有可能挑战其相关性。

在本章中，我们解释如何利用论据，如何验证论据，何时引用论据合适，何时引用不合适。基本法则是：只有在读者不理解你的推理时，或你预计他们要挑战你的推理时，才明确给出论据。

在开始讲解前，有一点要提醒一下：论据让所有人头疼——过去是这样，未来也是一样，对你我全一样。所以，假如你在读完本章之后仍然有疑问那也是正常的，因为并非只有你才会如此。

11.1 日常推理中的论据

论据很难理解，但我们很容易就能理解格言中的道理。那是因为格言就是我们熟悉的论据。例如，有人说：

> 我听说FBI已经审讯了市长的幕僚，[理由]市长肯定有不正当的行径。[观点]

另一个人可能会说："你说得不错，但 FBI 询问市长的幕僚，为什么就意味着他有不正当的行径呢？"第一个人可能便会用格言解释说："有烟，必有火。"这句格言是说，当我们看见出错的征兆时，便推论出有什么东西出错了。

格言是有逻辑的。大多数格言分为两个部分：条件（有烟）和结果（必有火）。如果从一般情况来看条件和结果的关系是正确的，特例情况也应该是正确的。烟和火的关系，具体应用到 FBI 和市长的例子上，逻辑如下：

一般性条件	预示	一般性结果
有坏事的征兆【一般性条件】		可能就真有坏事【一般性结果】
其特例如下		**其特例如下**
FBI 已经审讯了市长的幕僚【特例的理由】	**因此**	市长肯定有不正当的行径【特例的观点】
特例的条件	**预示**	**特例的结果**

我们在日常推理中经常会用格言讲道理：因果分析（欲速则不达）；举止规范（三思而后行）；可靠的推理（一燕不成夏）。但是我们的日常论据并不只是这些格言，我们随处都会用到论据：运动时（防守赢得冠军）；烹饪时（夏季不吃蚝）；下定义时（素数只能被 1 和自己除尽）；做研究时（只需一点小错就能把整个证据推翻）。

11.2　学术研究中的论据

在学术研究中，论据的作用方式完全相同。但相较于格言和其他日常论据，学术研究中的论据很难把握——特别是对初学研究的人来说，原因有三个。

第一，极少有学术论据不引发争议。学术论据是特定研究团体特有的推理方式，且数目巨大。有一个无法改变的事实，初学研究的人要花费时间去学习掌握本专业的论据。

第二，有经验的研究人员在为专业读者写文章时，很少明确地说出论据，因为可以放心地假定这些读者已经知道了。（明确说出论据不但没有益处，反而给人居高临下的感觉。）这种办法对专业读者合适，但对初学者来讲是一种挑战，他们必须自己搞清楚哪些理由与观点是有关联的，哪些是没有关联的，而对专家而言，这些关联是理所当然的。这就是为什么初学者在读为专家写的论文时会感到特别费劲。

下面是一个学术论据实例。在假定有证据支持理由的情况下，生物学家会接受这样的论证：

鲸鱼更接近河马，而不是牛，【观点】因为鲸鱼的DNA与河马更加相近。【理由】

生物学家不会问为什么用 DNA 来衡量物种之间的关系。所以，生物学家写文章绝对不会谈上述论证的论据问题。但是，如果非生物专业的人问到这个问题，生物学家就会讲授生物学家的经典论据：

当物种甲与物种乙共享的 DNA 比物种甲与物种丙多时，【条件】我们就推断甲更加近似于乙。【结果】

当然，生物学家很可能还需要解释论据。关键点是：是否明确给出论据，不仅取决于论证的性质，还取决于听众的情况。专家一般不明说论据，除非是与普通听众进行交流，或有人提出质疑。

第三，专家说论据时经常简化。大多数格言都明确包含条件和结果两个部分：如果有烟，那就有火。但我们可以把两个部分压缩成一句短语：有烟必有火。虽然格言很少采取这种方式，但专家经常这样给出专业的论据：

DNA 相似程度用于衡量物种之间的关系。

利用这种表达方式，生物学家含糊了条件和结果之间的关系。但无论如何含糊，论据的两个基本部分总是能被辨识出来的。为了清晰起见，我们把论据的两个基本部分写成：当 X 时，就有 Y。

11.3　论据的逻辑

下面还是那段有关俄罗斯经济前景的论证：

俄罗斯联邦面临生活水平下降问题，【观点】因为其出生率才千分之13.2，平均寿命仅63岁。【理由】

如果有人以理由与观点无关否定理由，论证人就必须对理由和观点之间的关系进行辩护，这时需要提出论据，它包含两个部分：（1）一般性条件；（2）一般性结果。

当一个国家的劳动力萎缩时，【一般性条件】其经济前景就变得暗淡了。【一般性结果】

与论证中的理由和观点相比较，论据中的条件和结果的适用性更加广泛。用图形来表示如下：

一般性条件	预示	一般性结果
当一个国家的劳动力萎缩时		其经济前景就变得暗淡了
其特例如下		其特例如下
俄罗斯联邦出生率才千分之13.2，平均寿命仅63岁	因此	俄罗斯联邦面临生活水平下降问题
特例的条件	预示	特例的结果

这与前面那个腐败市长的例子是极为相似的。

11.4 检验论据

读者质疑论据的方式是可以预知的。考虑如下论证：

与流行观点不同，19 世纪上半叶美国人拥枪的比例并不高，【观点】因为遗嘱中很少提及。【理由】对 4,465 份在 1750 年至 1850 年间七个州的遗嘱进行调查发现只有 11% 的遗嘱提及长枪和手枪。【论据】

这样的观点很可能会受到那些认为枪支所有权是从革命时期延续下来的人士的抵制。即使他们接受论证中的理由——遗嘱中很少提及枪，他们仍然会表示反对：我不觉得统计数字能证明那个时期很少有美国人持枪。这样的统计数据并不能说明问题。

如果作者预见到读者会提出这样的反对意见，就应该提供论据，说明论证中的理由和观点是相关的：

在 18 世纪和 19 世纪初，贵重物品要罗列在遗嘱中，所以，没在遗嘱中罗列出的东西就是没有。【论据】由于枪是贵重物品，但在 1850 年前的遗嘱中却很少提及，【理由】所以那时的美国人拥枪率并不高。【观点】

如果作者想让读者接受他的论据，他必须提前反问自己五个问题：

1. 论据合理吗？
2. 论据是否宽泛过度？
3. 是否比对立的论据更有说服力？
4. 论据适用于当前的问题吗？
5. 能应用于有待论证的理由和观点吗？

11.4.1　论据合理吗？

当读者能接受论证的条件会产生想要的结果时，这条论据似乎就是合理的。如果读者不接受，你必须说服他们接受你的论据，这就需要你把论据当成观点，寻找理由和论据加以证明。

在 18 世纪和 19 世纪初，贵重物品要罗列在遗嘱中，所以，未在遗嘱中罗列出的东西就是没有。【论据／观点】沃森（1989）证实了这点。【理由】他在研究了坎伯兰县 1750 至 1825 年间的 1,356 份遗嘱之后发现……【论据】

11.4.2　论据是否宽泛过度？

大多数论据是有适用范围的。例如，有关拥枪的论据似乎否定了任何特殊情况：

在 18 世纪和 19 世纪初，贵重物品要罗列在遗嘱中。

这种说法太宽泛；使之有所限定可能更加可信：

在 18 世纪和 19 世纪初，大多数家庭会把贵重物品罗列在遗嘱中。

但是，一旦你开始用“大多数”这类词修饰论据，你就必须说明特例不能否定你的理由和观点：大多数是多少？枪总是被视为贵重物品吗？

11.4.3　是否比对立的论据更有说服力？

尽管你认为论据是合理的，且有适当的限定条件，但其他人仍然可能会提出反对意见。下面是两个相互对立的论据，看上去都很合理：

当家长认为治疗可能会伤害到孩子时，他们有权拒绝治疗。泰勒和克里斯认为注射麻疹疫苗会引发孤独症，所以拒绝给女儿做麻疹疫苗注射。

当医疗决定事关公众问题，州政府有权加以规范。只有当大部分儿童注射了麻疹疫苗后，每个儿童才会更加健康，所以州政府可以强迫泰勒和克里斯同意为他们的女儿注射疫苗。

哪个论据应该胜出？为此仍需辩论一番。

在某些情况下，你可以通过修饰两个论据，使它们相互兼容：

当家长认为治疗可能会伤害到孩子时，他们有权拒绝治疗，但条件是不影响其他人的健康。

当医疗决定事关公众问题，州政府有权加以规范，但要尽可能少地干预父母保护自己孩子健康的权利。

找到两者的平衡点不易，只有通过论证才能实现。

11.4.4 论据适用于当前的领域吗？

或许你的论据是合理的，也有适当的限定条件，且比其他论据更有说服力，但读者仍然有可能拒绝，因为你的论据可能不适合特定的研究团体。法律系的学生在这方面都有痛苦经历，他们发现过去学过的论据在法律辩护中没有用武之地。例如，他们刚进法学院时，跟我们大多数人一样，也抱有一种常识性看法：

人受到了不公正待遇，法律应该给予纠正。

但这些法律系学子必须认识到，法律论据可能会超越常识性看法。例如：

当一个人漠视法律义务，即使是无意而为之，他也要承担法律后果。

所以说：

当年迈的房屋拥有者忘记交房产税时，别人可以把他们的房屋买下来，并把他们赶走。

虽然违背他们高尚的本性，但法律系的学生必须明白，正义并不一定符合他们认定的道义，而是符合法律法庭的要求。

11.4.5 你的论据能证明你的理由和观点吗？

最后，你必须确保你的理由和观点是你的论据的特例。例如：

艾哈迈德：你应该买一支枪，【观点】因为你独自一人居住。【理由】
贝丝：为什么单独居住就得买枪呢？
艾哈迈德：当你不安全时，【一般性条件】你应该保护好自己。【一般性结果】
贝丝：但单独居住并不意味着不安全。

贝丝没有说艾哈迈德的理由是错误的，而是不同意其论据中的一般性条件适用于自己的情况。在她看来，艾哈迈德的理由不适合他的论据，所以论据不相干。贝丝可能还会说拥枪可能让她的家更不安全（事与愿违）。在这里，她反对艾哈迈德的观点，因为她认为论据不能很好地说明他的观点，即理由无法解释结论：即便她不安全，有枪也保护不了她自己。

如果你觉得这似乎很复杂,那就对了,因为论据与论证观点之间的关系,至少从亚里士多德那个时代起就困扰着逻辑学家了。但如果知道了读者会怎样质疑论据，你的论证工作会变得容易一些，这就是为什么我们要罗列上述五个问题。

11.5 了解何时陈述一项论据

任何专业论证都需要利用无数推理原则，这些原则大多都嵌在我们的潜意识中，我们很少提及。但有时我们必须明确地把原则说出来：

1. 读者不是专家。当你为非专业人士写文章时，你或许要解释专家是如何推理的。一些特别的推理方式，你必须加以解释。

2. 你的推理比较新，或有争议。当你的推理原则比较少见，读者自然会有疑问。要想排除读者心中疑问，你可以说明论据。你可以介绍其他专家是如何使用该论据的。如果没有这个条件，你要为自己的推理辩护。

3. 如果你的观点是读者不愿相信的怎么办？这时，比较好的策略是先用读者有可能接受的论据劝他们，然后再讲解读者不愿相信的推理。他们可能还是不相信，但你至少可以让他们看到你的推理并非绝对不合理。例如：

> 我们应该承认气候变化基本上是人类活动造成的，【观点】因为所有气候学家都同意这种观点。【理由】

有些读者可能会反对那个观点，因为它与他们现有的信念相矛盾。面对这样的读者，作者可以鼓励他们再多考虑一下那个观点，方法是提供一个他们能够接受的论据：

当大多数有经验的专家认同某个结论时，我们或许可以信任它。【论据】我们应该赞同气候变化基本上是人类活动造成的这一结论，【观点】因为几乎所有的气候学家都认同该观点。【理由】

当读者接受论据的合理性时，他们便会认为理由成立，理由和观点是论据的特例，他们按照逻辑至少会重新考虑观点。如果他们还是不同意观点，那么任何理性思维都改变不了他们的信念。

你不说的东西才真正反映出你是谁

你向读者解释论证中他们不理解的推理原则，这表明你尊重读者。你也可以对自己能陈述的论据保持沉默，但这同样表明了你的强势态度（尽管不太友好）。无论怎样，论据显著影响着读者对你精神气质的理解。

11.6 用论据去检验论证

不管论据是否明说，论据都是论证的基础。为了检验论证是否正确，你可以想象出一个论据。下面是一个有关暴力游戏影响儿童的错误论证：

如今，12 岁至 16 岁的少年比上一代同龄人更加暴力。【理由】布朗（2013）通过研究发现……【证据】基于这些事实，暴力计算机游戏似乎对当今年轻人有坏影响。【观点】

为了理解这段论证的错误之处，我们可以设想一下什么样的论据会得出计算机游戏影响儿童的结论：

当儿童长期接触野蛮暴力的画面时，他们会受到不良影响。【论据】如今，12 岁至 16 岁的少年比上一代同龄人更加暴力。【理由】布朗（2013）通过研究发现……【证据】基于这些事实，暴力计算机游戏似乎对当今年轻人有坏影响。【观点】

现在我们来看问题所在：特例的条件——暴力行为在 12 岁至 16 岁之间的儿童中猛增，不是论据的一般性条件——儿童长期接触野蛮暴力的画面——的必然结果。

一般性条件	预示	一般性结果
儿童长期接触野蛮暴力的画面		他们会受到不良影响
其特例如下		**其特例如下**
如今，12 岁至 16 岁的少年比上一代同龄人更加暴力	**因此**	暴力计算机游戏对当今年轻人有坏影响
特例的条件	**预示**	**特例的结果**

所以，即使有关儿童暴力上升的说法是正确的，但不能因此而证明作者要论证的观点也是正确的。为了改造上述论证，我们必须修改理由，使之成为恰当论据的结论。为此，我们需要寻找新理由和证据：

当儿童长期接触野蛮暴力的画面时，他们会受到不良影响。【论据】在过去十年里，计算机游戏变成儿童接触暴力信息的主要来源。【新理由】琼斯（2014）的研究表明……【新论据】基于这些事实，暴力计算机游戏似乎对当今的年轻人有坏影响，使得年轻人犯罪率比上一代人提高了许多。【观点】

现在，理由和观点之间的距离拉近了，论据可以同时覆盖住它们了：

一般性条件	预示	一般性结果
儿童长期接触野蛮暴力的画面		他们会受到不良影响
其特例如下		**其特例如下**
在过去十年里，计算机游戏变成儿童接触暴力信息的主要来源	**因此**	暴力计算机游戏似乎对当今的年轻人有坏影响，使得年轻人犯罪率比上一代人提高了许多
特例的条件	**预示**	**特例的结果**

但可能还是会有读者想推翻这段论证：

等一等。实际情况并非“总是”这样。动画暴力是虚构的，儿童并非真的长期处于暴力之下。

作者必须对这类问题做出回应。

现在你该是能理解为何重要问题总是引发争执了。为什么？因为你觉得没有问题了，但读者却依然会说：“等一等，为什么……”读者可以用两种方式提出质疑。他们可以说你的理由没有事实根据，或者说你的理由与观点不相关。针对第一类质疑，你必须找到更好的证据。针对第二类质疑，你必须拿出论据，使你的理由变得相关。如果你做不到，你必须修改论证。

11.7 挑战他人的论据

挑战学界已经接受的观点和论据比较难，但最难的是挑战当前流行的论据。没有什么辩论工作比这个更难，因为当你要挑战公认的论据时，你不仅要改变读者的观点，还要改变其推理方式。为了成功挑战论据，你必须先考虑他人会怎样辩护。论据的辩护有几种不同方式，所以挑战论据也必须有几种不同的方式。

11.7.1 挑战基于经验的论据

我们根据个人经验或他人的经验来决定是否相信某个论据。

如果某人总是撒谎，其他人是不会信他的。

杀虫剂流入生态系统后，野生鸟类的蛋壳会变得非常脆弱，只有少数小鸟能被孵化出来，最终导致鸟的数量减少。

为了推倒这些论据，你必须做两项困难的选择：

（1）质疑经验的可靠性，这并不简单；

（2）寻找不会被驳斥为特例的反例。

11.7.2 挑战基于权威的论据

有些人会因为其专业知识、地位或其领袖魅力而博得我们的信任。

权威人士 X 说 Y，所以 Y 一定是正确的。

挑战权威最简单、最和善的方法是，指出这位权威人士在这个问题上并没有专长。最凶狠的挑战方法是指出这位权威并不权威。

11.7.3 挑战基于知识体系的论据

这类论据的基础是定义、原则或理论：

来自数学：两个奇数相加是偶数。

来自生物学：两性繁殖，后代异化。

来自法律：无证驾驶是犯罪。

挑战这类论据，用“事实”没用。你必须挑战知识体系，这是很难的，但你可以说论据不适用。

11.7.4　挑战基于普遍文化的论据

这类论据的基础不是个人经历，而是一种文化的普遍经验。对社会成员来说，文化是不可挑战的“常识”。

眼不见，心不烦。

侮辱引发报复。

摸蛤蟆长疣子。

这类论据可能会随着时间而改变，但过程会很缓慢。你可以挑战，但读者会抗拒，因为你好像在挑战他们的传统。

11.7.5　挑战基于方法论的论据

这类论据是大框架，必须应用于具体事例才有意义。我们用这类论据去解释抽象的推理（许多格言使用抽象推理）：

概括：当所有已知的 X 都有 Y 属性，那么所有 X 可能都有 Y 属性。（一个如此，各个如此。）

类比：当 X 在大多数场合与 Y 相似，那么 X 在其他场合也与 Y 相似。（有其父，必有其子。）

迹象：当 X 出现的前后 Y 均出现，那么 Y 是 X 的迹象。（手凉心热。）

哲学家早就质疑过这些论据，但我们在现实辩论中可以只质疑其适用条件：是的，X 和 Y 相似不错，但如果……

11.7.6 挑战基于信仰的论据

有些论据很难挑战。杰弗逊曾写道："人生而平等，这个真理是不证自明的……"类似的论据还有：

上帝的启示必然是正确的。

宗教教条必然是正确的。

这类论据不靠事实做根据，而是靠信念。挑战这类论据毫无意义，因为它们是信念，信念在论证和证据面前无动于衷。如果你在收集资料的过程中遇到这类论据，要么忽略他们，要么不把它们当作一个研究主题，而是把它们当作一种对生命意义的探索。

小建议：理由、证据、论据

你可以用两种方式说明你的理由：用证据或论据。这两种方式的论证途径是不一样的。研究人员一般更相信第一种途径，所以你应该尽量为理由寻找坚实的证据。比较下面两段论证：

我们要尽力阻止年轻人开车时发短信，【观点】因为开车分心会导致车毁人亡。【理由】根据 CDC 的报告，车祸占 12 岁至 19 岁年轻人死亡原因的三分之一，开车发短信会增加车祸的机率。此外，……【证据】

我们要尽力阻止年轻人开车时发短信，【观点】因为事故风险会增加。【理由1】开车不容易，发短信会使人分心。【理由2，支撑理由1】我们都知道，做复杂事时分心，工作表现会变差。【联系理由1与理由2的论据】

当代读者很可能会偏爱第一个论证。那是因为其论据没有争议，而且是用坚实的证据证明其观点。第二段论证是可信的，因为理由1和理由2是论据的特例。但大多数读者仍然会要证据。

特别要强调一点，你不能仅用论据和理由去支撑观点：

开车发短信是年轻人车祸死亡的主要原因，【观点】因为开车发短信很分心。【理由】开车分心，风险增加，甚至发生致命车祸。【论据】

我可以相信这些，但我想看到证据好吗？这就是一般人的反应。我们不能从理由直接得出开车发短信是致命车祸的原因这一结论。除了几个特殊的领域，比如说数学、哲学、神学，要想证明观点，就必须用证据，要证明观点是有事实根据的。

请记住这个经验教训：只要有可能，就不用基于论据的推理，而是用基于坚实证据的推理。

第四部分

如何写论证

Writing Your Argument

开篇：再次做计划

写作没有固定的公式。许多作者写作时没有完整的计划，到最后，虽然写得好，但不相关的话，也不得不被删掉。另有一些作者必须要借助写作大纲和概要。我们中的有些人写作时先打腹稿，然后再动笔。你需要找到自己的写作方式，或许开始于写概述，或许是分析文章，或是批评文章，但无论如何，你在写作前要做准备。

动笔前，你需要满足如下条件：

● 知道谁是你的读者，知道他们的需要，知道他们为什么对你提出的问题感兴趣。

● 知道要写出怎样的作品。

● 能用两三句话把问题和答案讲清楚。

● 能罗列出支持自己观点的理由和证据。

● 知道读者可能提出的疑问、替代方案和不同意见，也知道如何回应。

● 知道读者何时会觉得你的理由不相关，并能提出论据证明其相关。

有经验的研究者知道，即使有了写作计划，写作条件也足够了，也不一定就能写出好作品。他们会义无反顾地写下去，但在过程中会寻找新线索，或许还会推倒重来。他们还知道，草稿必须经过大幅修改才能有用，所以总是尽早开始修改草稿，给修改留出足够的时间。

第四部分教给你如何完成研究论文的写作。第 12 章讲解如何做计划、写论文草稿；第 13 章讲解如何组织论证；第 14 章讨论如何利用参考资料；第 15 章讨论如何用图形展示量化信息；第 16 章讲解如何写前言和结束语；第 17 章讲解如何写得清晰且坦率。

几个概念：假设、答案、解决方案、观点、论点

在第二部分中，在我们讲解如何做研究时使用了“答案”“方案”“假设”这几个词表示我们解决了研究中的核心问题。在第三部分中，我们用“主要观点”这个词表示答案、假设、方案的意思，这些成分是你论证的主体。现在我们到了第四部分，我们用“论点”这个词表示说明论文主要观点的那个句子（有些人用“命题”这个词）。“假设”“答案”“解决方案”“观点”“论点”——这几个词指的全是那个句子。我们之所以用不同的词，是因为每个词从不同的角度定义那个句子。

第 12 章　写作计划与写草稿

一旦组织好了论证，你就可以动笔写作了。但有经验的作者不忙着马上写草稿，而是先做写作计划，这样效果比较好。写作计划帮助你有序地组织论证材料去说服读者。

有些领域规定了研究报告的组织架构。例如，科学实验报告的架构如下:

前言——方法和材料——结果——讨论——结论

如果你的研究领域要求报告按约定俗成的组织架构来写，你可以请老师提供，或在二级资料中寻找。但多数研究领域都没有规定，这时你必须自己规划组织架构，无论你的写作架构为何，基本要求是帮助读者获取他们想要的信息。

12.1　写作计划

12.1.1　草拟前言

一般说来，前言要晚写。极少有作者可以在论文正文写完前写出前言，但我们大多数人需要一个临时前言，确保论文写作的方向是正确的。你要写两份前言，一份是草稿，草稿供你写论文用，另一份是最后的正式稿，是给读者看的。正式的前言由三部分组成（见第 16 章），所以前言的草稿不妨也按照这个形式写。

1. 在笔记本上，先把最相关参考文献的关键点罗列出来。次要的参考文献中的内容不要出现在前言中。写概述时，挑那些你想挑战、改变、扩充的参考文献写。然后，对参考文献进行排序，排序方式要对读者有用：按时间、性质、意义、观点等。千万不要按照你阅读的次序排列参考文献。如果你能肯定这就是你要的概述，那就按照一种对读者有用的次序排列。

2. 在完成对参考文献的综述后，把你的研究问题改写成一句话，指出这些文献存在的问题：

为什么阿拉莫的传奇故事如此重要?

几乎没有几个历史学家把为什么阿拉莫的传奇故事如此重要这个问题解释清楚过。

3. 试着回答这个问题：如果研究没有答案，结果将如何？或许你只能是猜，但试着给出你的回答。

如果我们能理解为什么这些故事变成了我们国家的传奇，我们就能更好地理解我们国家的价值，或许我们会因此变得不同寻常。

如果你无法回答那会怎样的问题，那就先放一放。我在第 13 章中还要讨论。

4. 把你的问题的答案作为观点加以陈述，或在一开始便做出解答。你有两种选择：

- 在前言结尾处陈述观点，并在结论部分的开头加以重申。
- 只在结论中阐述论点，作为论证的高潮。

这个选择关系重大，因为它建立了你与读者之间的社会联系。如果你在前言结尾处阐述主要论点，等于让读者处于评判的地位：读者，你来决定如何阅读这篇论文。这是我的研究问题，这是我的解决方案，这是我的论点。现在请你来决定如何继续读下去，甚至决定是否读下去。另一方面，如果你在做结论时才阐述自己的主要观点，你便对读者的态度有更多的把握：读者，你必须跟上我的步伐，我会在最后告诉你我的主要观点。大多数读者希望读完前言就能知道你的主要观点，因为这样能让他们阅读得快一点，理解得多一点，记忆得长久一点。提早说明观点，还能帮助你少走弯路。

一些初级研究者担心，如果过早透露主要观点，读者会“厌倦”，会停止阅读。另一些人则担心重复讲解观点不好。这两类担心是没有必要的。如果你的问题有趣，读者一定想看个究竟。

如果你选择只在结论中说明你的观点，你仍然需要在前言中写一句完整的话，引导读者去看后面的正文。这句话应该包含你论证中的关键概念（参见 6.6.1、8.2.1 和 12.1.2）。如果你在前言中有了这样的观点性句子，你的写作工作就比较容易了。所以，为了制定写作计划，你在梗概图的前言页的底部写上你的主要观点；之后，你可以根据需要移动它的位置。

有些作者会在前言的末尾增加一个“路径图”：

在第一部分中，我要讨论……在第二部分中，我要处理……在第三部分中，我要研究……

在社会科学中，“路径图”比较普遍，在人文学科中却显得累赘。你可以在草稿中放一个“路径图”，并在最后一版草稿中删去。如果你想留下它，一定要确保简短。

如今，你的论文梗概图第一页应该是这样的：

研究发现，与从事同种运动的同龄男运动员相比，女运动员患脑震荡的风险是男运动员的两倍。【语境】（罗列关键参考文献）但这项研究没有发现导致这种差异的原因。【研究问题，以研究的不足表现出来】如果我们不理解其中的缘由，就无法保护女运动员。【研究问题的结果】这种差异有可能是由于男女之间保护措施不同造成的。此外，运动员受伤后，男女之间在伤害监控、报告和治疗方面标准不同也是造成差异的原因。【初步确定的主要观点】

虽然这显得粗略，但作为起点已经足够了。在最后一版草稿中，你可以把它修改好（见第 16 章）。

12.1.2 确定论文中的关键概念

为了让你的论文前后连贯，你需要几个关键概念贯穿始终。你可以在笔记本中寻找这些关键概念，但必须包括你的研究问题和主要观点中的关键概念。在前言中，你需要拿出四五个关键概念进行解释。不要选宽泛的概念，要选那些跟你的研究关系比较密切的词：

就业、工作满意度、东南亚移民、文化交流、居住期、从前的经济发展水平

如果你找不到关键概念，这说明你的话题和论点太宽泛（再看看 8.2.1）。在论文梗概图中罗列关键词，在写作中时刻谨记它们。

12.1.3　策划论文主体

1. 描述背景，定义术语。在你的梗概图有关前言那一页的后面，增添一页，罗列出重要的背景信息。你可能要定义术语、详细说明研究问题、限定研究范围、找出研究项目的历史大背景和社会大环境。写得要简练。

2. 为论文的每一个主要章节写一页梗概图。在每页梗概图的第一行，写下你的主要论点，它就是本章节要加以阐明的。通常情况下，几个主要论点合起来，一起支持你研究的主要观点。

3. 合理安排章节的次序。组织论证的时候（见 9.1），你会以自认为清晰的方式排列各部分。但你要同时满足读者的需要。如果你无法确定次序，可以考虑做如下选择。第一章和第二章要基于话题写：

● 把话题分成几个部分，每一个部分写每一章，但次序要有助于读者理解你的话题，即按照功能或结构分章节。

● 按时间次序。这种方式最简单：按照时间先后写，或按照因果关系写。

下面六点是根据读者的需要选定的：

● 从短到长，由简入繁。大多数读者都喜欢循序渐进。

● 从比较熟悉的到不太熟悉的。大多数读者喜欢先看熟悉的，再看生疏的。

● 从争议小的到争议大的。大多数读者比较容易接受这样的次序。

● 从比较重要的到比较不重要的（或相反）。大多数读者希望先看到比较重要的（不过，次序靠后的对读者的影响比较大）。

● 前面的为后面的做铺垫。读者需要先理解了一些事件、原则和定义之后才能去理解其他内容。

● 先分析原则，然后把原则应用于具体案例。读者在理解了原则之后，才能跟随你去把原则应用于具体的文章、事件、情况等。

这些原则常常是相辅相成的：读者认同且容易理解的一般都是短的、熟悉的。但原则之间有可能存在矛盾：读者可能一眼就拒绝你最重要的理由。无论你怎样安排次序，必须考虑读者的需要，不是材料本身的次序（逐一对应的关系），至少是你觉得合理的次序。

最后，用表明次序的词组串起来：第一……第二……；其次……最后……；更为重要的是……；更复杂的是……；结果是……。不要担心这些词组显得笨拙，它们是为你服务的，不是为读者。你可以在最后版本中删去。

12.1.4 每一节和每一小节的计划

1. 标识出每一节和每一小节中的关键词。就像论文需要前言一样，每一节也需要前言。我们在前面告诉你，在每一页论文梗概图的顶部写下主要观点。如今，在你遍历整篇论文挑出关键词的过程中，圈出这节中独特的词；这些词应该包含在这节的主要观点中。如果你在这节中找不到独特的词，仔细检查这节在整篇论文中的作用。或许这节是没有用的。

2. 指定在何处放置证据、承认、论据和总结。在每节的梗概图上都要有这些部分。这些部分可能需要自己独立的论证。

● 证据。每节基本上都要有证据，用以支撑一个理由。如果你为某个理由提供了几种不同的证据，你需要根据读者的需要安排好它们的次序。注明你要在何处解释你的证据——证据从何而来、为什么是可靠的、如何支撑一个理由。

● 承认和回应。想象读者会怎样提出反对意见，然后策划出一个回应办法。为此，你可能要写一个观点并提供响应的论证，有理由，有证据，甚至想象出如何应对读者对你的回应的回应。

● 论据。一般来讲，如果你需要一个论据，你要在提出观点和理由之前先阐明论据。例如，如果下面的论证不是给研究伊丽莎白一世时代的历史学家看的，就需要一个论据：

在公元 1580 年，因为牛津大学大多数学生在他们的署名之下并没有加注任何头衔，【理由】所以他们大多数必定是平民。【观点】

如果提供如下论据，每个人都会比较容易理解这段论证：

16 世纪后期的英格兰，只有少数被称为“绅士”的人才可在签名时加上 Mr.（先生），而且只有绅士的儿子，在签名时才能加上 Esq.（先生）。【论据】在公元 1580 年，因为牛津大学大多数学生在他们的署名之下并没有加注任何头衔，【理由】所以他们大多数必定是平民。【观点】

如果你认为读者可能会质疑你的论据，那么你就需要为它做辩护。

如果你的论文比较长，包含大量诸如日期、名字、事件、数字类的证据，你或许要在每节的结尾做个总结：本节论证了什么？你已经论证到了何处？修改草稿时，你可以把这些累赘的信息删除。

12.1.5　草拟结论

在你的梗概图的结论那一页上再次说明你的论点。之后，你可以写出其意义（再次回答“那又怎样”的问题）。

在写作过程中，你会发现并非所有的笔记都有用。但这样并不意味着你浪费了时间。研究跟挖金矿一样：挖得多，取得少，其余放在一旁。海明威曾说过：“如果你发现有一些好材料没法写进书里，但被放弃的确实不如留下的好，这说明你的书写得很好。”

12.2 做计划避免犯三类常见错误

并非所有的写作计划都是好的。研究人员往往只顾按照自己的思路做研究，而忽视读者的感受。

1. 不要把论文写成流水账。很少有读者想知道你寻找资料的顺序。如果你写流水账，读者会很不高兴，因为他们到论文的最后才能知道你的主要观点。

你的草稿是否有这类问题，你需要检查一下，看看文中有没有不谈研究结果，而是谈你是怎样搜集数据的，或你是怎样考虑的。这类问题有语言特征，比如说，第一个问题是……；然后，我比较了……；最后，我有了结论。如果你的论文中有这样的句子，那就说明你没有在做论证，而是在向读者汇报进度。因此，你必须突出论文的重点——你的观点和支撑观点的理由。

2. 不要把论文写成参考文献的拼缀物。读者需要你的分析，不要你罗列参考文献。研究工作不应该仅是拼凑参考文献。如此的“拼凑”会招致“只有概述，没有分析”的批评。如果你的大部分研究是借由互联网完成的，你很容易犯这类错误，因为拷贝参考文献特别容易。有经验的读者能看出你是否在拼凑参考文献，他们可能会指责你剽窃（见 14.6）。

高级研究人员很少罗列综述，但他们用另一种办法与资料保持非常密切的关系：他们使自己论文的结构与一种主要参考文献的结构有逐一对应的关系，而不是为了更好的论证去创造一种新结构。如果你论证的关键词与某种参考文献或几种参考文献的关键词是一样的，思考一下你是否在做自己的论证或是自傲模仿他人。

3. 不能简单重复任务书上的话。如果在论文的开始就重复了老师给你的任务书，老师会觉得你没动脑筋。例如：

任务书：不同的认知理论对认知中介的定位不同。有些理论认为大脑并不参与其中；另外一些理论认为感官受认知的影响。比较两种视觉、听觉或触觉方面的认知理论，分析它们的不同之处。

论文开篇：不同的认知理论对认知中介的定位不同。本文比较两种视觉理论，其一是……

如果任务书中罗列了一系列要解决的问题，你不可按其固有次序逐一解决。例如，给你的任务是比较弗洛伊德和荣格在想象和下意识方面的异同，你千万不要把论文写成两部分，第一个部分谈弗洛伊德，第二个部分谈荣格。这种写法最后一定会变成文献综述。你需要换一个思路，把问题转化为几个概念，比如下意识和想象构成元素，或其他次序；但你论文元素的次序一定要对读者有用。

12.3　按计划写草稿

有些人认为，一旦有了写作梗概图，剩下的工作就是写字了。有经验的研究人员不这样看。他们知道，写草稿时才能真正发现自己的计划有何不足，因为这时我们才获得令研究者感到最兴奋的时刻：不动笔，我们想不出新想法。但像研究中其他步骤一样，有了计划，草稿出彩的机会就多。

12.3.1　按照自己感到舒服的方式写作

许多有经验的作者在没有完成论文梗概图前就开始写草稿了。他们的计划比较粗略，写草稿是在探路，以便形成最终的写作计划。他们知道草稿迟早会被修改，所以他们提早动笔。如果时间比较宽裕，写草稿可以帮助你发现自己未曾想到过的新想法。如果你是研究新手，时间也比较紧，你需要一个比较清晰的计划。

一旦有了计划，许多作者会快速撰写草稿：他们飞快地写，跳过引用和数据，遇到困难立即绕行。如果想不起某个细节，他们会画个问号做标记，一直写到精疲力尽才停下来，然后再从头看一遍。这样写草稿，虽然快，但必定需要时间修改。所以，如果你写草稿快，那就早点动笔。

另外一些作者只能慢慢地写，认真地写：一句话写不好，他们绝不写下一句。为此，他们需要准确的计划。所以，如果你写草稿慢，你要制定详细的写作计划或论文梗概图。

大多数作者倾向于快速撰写草稿，然后认真改写，删除不相干的内容。你需要根据自己的情况选择如何写草稿。

尽早动笔写草稿

交稿日期总是飞快地到来：我们总是盼望能再多给一个月的时间，或一周时间，甚至多给一天也行。（本书每一次再版我们都要为交稿日期鏖战。）事实上，有些研究人员似乎永远也写不完，他们想把研究论文、学位论文、书籍写到完美的状态。但是，写作不可能完美，也永远不会有完美的作品。你能做的就是在可利用的时间里尽量写好。当你完成了写作任务，你可以对自己说：读者，这是我最好的结果，它是我的思想结晶——不是什么终极真理，但对我来说是极为重要的，我希望对你也一样。我在有限时间内尽全力对它进行了检查，确保其真实性。我希望我的论证足够有力，让你可以接受，甚至改变你的信念。

12.3.2 利用关键字保证写作沿着正确轨道前进

如何确保写作沿着正确轨道前进是个难题。论文梗概图对此有帮助。此外，你还可以不时地检查一下关键概念的使用情况，特别是那些每节不同的关键概念，从而确保正确的写作方向。但不要让论文梗概图和关键词影响了你的新思维。如果你发现进展缓慢，追踪至你停滞的地方，或许你会产生一个有趣的新想法。

即使你的研究领域不要求每节和每个小节都有标题，我们还是建议你在写草稿时写上标题。节或小节的标题要能体现其内容特点。

萨姆·休斯敦是德克萨斯州之外诸家报纸上的英雄。

标题还体现了论文的结构（带标号的标题在社会科学领域很普遍，在人文学科中却很少见）。如果你的研究领域不用标题，你可以在定稿中把它们删除。

小建议：如何跨越写作障碍

如果你写了几个字就写不下去了，这说明你遇到了写作障碍。部分原因是你因为有压力而陷入了焦虑，如果确实如此，你可以去看看心理医生。但大多数情况下，你可以试一试下面的办法：

- 你被任务吓坏了，不知道如何开始。如果情况确实如此，你可以把大任务分割成几个小任务；一次只做一个小任务。
- 你没有设定目标，或目标设定得太高。如果情况确实如此，把目标设定得现实些，此后利用进度表跟踪进展，或定期与同事交流。
- 你希望把每句话或每个段落写得完美无缺之后再写下一句或下一段。你可以对自己说仅是随便写一写，这样就能避免过度追求完美的心态。总之，每个研究人员都必须在完美和完成任务之间做折中。

如果你有这类问题，可以去学生辅导中心。那里的顾问知道如何应对各种写作障碍，肯定能给你恰当的建议。

另一方面，某些作者的写作障碍其实是突破的机会，让你下意识中的各种想法浮现，这些想法交融后，可能产生惊人的新想法。如果你遇到了写作障碍，而且时间宽裕（这是另一个尽早开始写作的理由），你可以花一两天时间做点别的事，让你的潜意识去解决问题。然后再次开始工作，看看是否能回到正轨上。

第13章　组织你的论证

本章介绍写论文草稿的程序，按此程序写出的论文，不仅你觉得清晰，读者也觉得清晰。最初，你会觉得这个程序有点机械，但这正是其优点所在。如果你按部就班地写，你肯定能有效地改进论文的结构。

一些研究新手觉得，草稿写完了就万事大吉了。真正的作者不这样看。他们的草稿不是给读者看的，而是供自己审视研究成果之用。他们不断修改草稿，直到他们认为读者会认同论文中的观点为止。但为读者修改草稿是很难的，因为我们对自己的作品太熟悉了，不会像其他人那样读草稿。你必须知道读者想读什么，然后才能判断出自己的草稿是否满足了读者的需要。为此，你必须客观地分析自己的草稿；否则你仅是在把草稿强推给读者。

有些作者拒绝为读者做任何修改，觉得迎合了读者会显得自己不够正直。他们认为自己的研究成果不容歪曲，如果读者理解起来有困难，就应该更加努力地去理解。但为读者修改草稿并非是在迎合读者。事实上，你只有想象成自己正在与读者进行一场友善的讨论，劝读者相信你的信念，你才能够真正地改善你自己的信念。

在这一章里，我们要教你如何发现草稿中的缺陷，修改论文的结构和论点，使读者能真正理解你想说的。

13.1 像读者一样思考

读者不会认为你写得字字珠玑。他们在了解了大概之后才愿仔细阅读。他们最想知道的是为什么要读你写的东西。所以，你要按照读者的需要修改论文，首先要修改论文的结构，接着是段落和句子，最后才是辞藻。当然，谁也不能按如此严格的步骤修改草稿。我们总是看到什么可改的就立即加以改正，比如，在修改论证时也趁机修改遣词造句，在修改段落时趁机澄清证据。但如果你想系统地做修改，你就不能逐字逐句地改，而是应该自上而下、由大及小，这样你才是按照读者的阅读方式去修改。这样的修改会比较有效率，因为你就不需要花时间去修改那些本应该重组，甚至是删除的段落。

13.2 修改论文的骨架

你必须从一开始就让读者准确无误地看到下述几件事：

- 前言的结尾
- 结论的开头
- 用一两句话简述你的主要论点

为此，你需要做到下面几点：

1. 在前言后面、结论的前面增加空白区间。如果你的研究领域允许，用标题确保读者不会误读。

2. 在接近前言的末尾处，说明你的主要论点。你还要确保前言中写的主要论点与你在结论中得出的主要论点是一致的，至少不能相互矛盾，但不应该一模一样。结论处的主要论点要更加具体，更加有力。

3. 你在写前言中的主要论点时，要包括你论文中设计的主要概念。

这不仅言明了你的主要观点，还等于开启了你的论证过程（见 12.1.1 和 16.4.2）。

举例来说，细想这段导言（有删节）。它的论点是什么？

在 11 世纪，罗马天主教廷几次发动十字军东征去收复圣地。在公元 1074 年的一封致国王亨利四世的信中，教皇格雷格理七世极力主张发动十字军东征，但并未如愿。公元 1095 年，他的继任者乌尔本二世在克莱蒙高级宗教会议上发表演说，要求发动一次十字军东征。而在来年，公元 1096 年，他成功地发动了第一次十字军东征。在这篇文章中，我将讨论这些教皇发动十字军东征的理由。

最后一句显得有点模糊，它仅是在言明十字军东征是论文的话题。

下面是结论部分开头的几句话（有删节）。其中的主要观点是什么？

正如上述文件所示，教皇乌尔本二世及格雷格里七世为了使圣地重归基督教的统治提出十字军东征。但除此之外，他们还有更加狡猾的政治动机，那就是要统一罗马教会和希腊教会，防止教会因内部纷争而分裂。为此，他们……

上述第二句似乎是论点（“为了使圣地重归基督教的统治”），这个论点既具体，又重大，还可信。我们可以简化它，使之成为前言的末尾。或许我们还可以为前言再多写一句话，在不把全部内容呈现出来的情况下，对论文的关键概念做出更加清晰的介绍：

从一系列文件中可以看出，教皇建议发动十字军东征，收复耶路撒冷，回顾基督教世界，但教皇的话暗示他们还有其他动机，他们担心欧洲和基督教分裂势力破坏统一。

13.3 修改论证

一旦你断定论文在整体上有助于读者的理解之后，你便可以对论文的每一个部分展开分析。这似乎是在重复以前的步骤，但草稿与论文梗概图是不同的。

13.3.1 找到论证的要点

论文的结构是否反映了论证的结构？

1. 支持主要观点的那几个理由都有独立的章节讲解吗？如果不是，你要改写论文的论点，使之符合你论证的结构。

2. 理由和证据是否恰当？把每个章节中的证据全都标识出来，比如综述、释义、引用、事实、图表——它们可能来自一手资料，也可能源自二手资料。如果你标识出的证据及对证据的解释还不到那个章节整体的三分之一，这说明你搜集的证据不足以支撑你的理由。如果你的证据偏多，但理由偏少，这说明你仅是在搜集罗列数据。

13.3.2 评估论证的品质

读者可能因为什么而拒绝你的论证？

1. 证据可靠吗？在第 9 章中，我们说过，证据应该是准确的、充分的、有代表性的、权威的（见 9.4）。如果你快要完成草稿了，此时再去找更多、更好的证据可能就晚了。此时，你可以进行其他方面的检查：

- 对照注释来检查你的数据和引用；
- 确保读者能看出你的数据和引用是在支撑你的观点；
- 确保在主要理由与其所需的证据之间有必要的支撑性的子理由存在。

2. 你的论证是否太宽泛？你是否能少用几个诸如“可能”“大多数”“通常”“或许”这类的修饰词？

3. 你的论文像是在跟同伴或同事友好地讨论问题吗？如果你的论文读起来像是在争吵，或不承认有其他替代方案或不同意见，你要重新审视它，想象一下，读者会提出理性的质疑：为什么要相信这点？你的观点有道理吗？能提供相关的证据吗？还有其他可能性吗？（见 10.1 至 10.2）然后，挑选出最重要的质疑加以回答。

4. 你展示了你应有的论据吗？要想回答好这个问题并不容易。你可以把每一章节未明说的重要论据标识出来。然后，思考一下读者是否会接受它们。如果不会，你必须明说论据，并给出相应支持。

13.4　修改论文的结构

一旦你对论文的整体有了信心，除了确保论证言之有物之外，接下来，你要检查一下读者是否会觉得论文有前后不一致的问题。为此，你要做如下具体的检查：

1. 关键术语是否前后一致？

- 在论文的前言和结论中找到关键术语；
- 在论文的正文中找到这些术语；
- 标识出与这些术语相关的词汇。

在十字军的例子中，标识出的关键术语是：

正如上述文件所示，教皇乌尔本二世及格雷格里七世为了**使圣地重归**

基督教的统治，提出十字军东征。但除此之外，他们还有**更加狡猾的政治动机**，那就是要**统一**罗马教会和希腊教会，防止教会因**内部纷争**而**分裂**。

如果读者在论文的正文中看不到这些关键词汇，它们会觉得你的论文离题了。

如果你发现一个段落中几乎没有这些关键词汇，你要塞进去几个。如果这也办不到，你可能需要重写该段落，甚至删掉该段落。

2. 章节是否有明确的开头？你能迅速地在正文中加上标题，给出章节开始的指示吗？如果不能，读者可能看不清你的文章结构。如果你不用标题，多增加一些空行。

3. 每一章节的开头是否有词语表示出这一章节与前面章节的联系？读者不仅要能看出章节的起始和终结，还要知道为什么按照那样的次序安排。你是否用某种方式（“更重要的是”“另一方面”“有些人反对”“另一种复杂情况是”）说明了章节次序的逻辑关系？

4. 论文各章节与整体的关系是否清晰？针对每个章节提出质疑：这一章节回答了什么问题？有没有回答组成论证的五个基本问题之一（见7.1）？有没有引导读者更好地理解？有没有解释背景或问题？有没有给予读者某种帮助？如果你看不出该章节跟你的论点有关联，你应该考虑删除它。

5. 每一章节的论点是否在前言（最好是如此）或结论中被简洁地提及？如果有机会，把某个章节的论点放进前言的末尾。不要把它掩埋在论文的中间。如果一个章节长达四五页，你可以在其末尾再次说明一下你的论点和论证，如果你的论证中有大量人名、日期、数字，你就更需要这样做。

6. 每个章节是否有前后贯穿的几个词？每一节都需要有自己的关键词汇把该节统一起来，形成一体，明显有别于其他章节。为了验证这一点，可以给该节写一个独特的标题，使之有别于其他章节。在给予每节一个标题之后，再做后面的事：找出论点句子，标识出关键词（不要标识那些代表整篇论文的关键词）。检查一下这些关键词是否贯穿整个节。如果除了这些关键词外没有其他词贯穿该节，那么你的读者可能会觉得这个章节没有提出什么新思想。如果你发现有几个词不仅贯穿该章节，还贯穿了另一个章节，这说明这两个章节是重复的，你可以考虑合并它们。

13.5　检查段落

你或许已经知道每个段落应该以主题句开始，而主题句应该与所在章节相关。这是好规则，但执行太严格可能会导致僵硬的写作风格。真正重要的是把段落组织好，引导读者进入你设计好的对话。段落的首句或第二句指出段落的关键概念。这样就能帮助读者更好地理解该段落。如果段落的第一句没有说明段落的主要论点，那么段落的最后一句就应该这样做。千万不要把论点掩埋在段落的中间。

段落长短不一，这要看段落的类型。例如，研究报告中的段落比较短，但批评性文章和书籍中的段落则比较长。段落应该足够长，这样才能说明观点，但又不能长到令读者无法集中注意力，所以关键是要“长短适度”（找到平衡点）。如果你发现你写的段落大多仅是几行字，这说明你可能没有很好地表达出自己的观点。如果你的段落超过一页，这可能说明你离题了。你可以把段落写得有长有短：用短的段落去连接长的段落，或强调某些重要的话。

有些作者不太关注段落的长短，而是关注段落的结束点，这等于是让谈话暂停一下。例如，在说明了一个重大观点后，给读者一定的喘息时间，再去处理一个复杂的段落，或暗示要转向一个新想法。

13.6 把你的草稿放置一段时间后再修改

如果你动笔比较早，就有时间把草稿放一放再修改。过一段时间再读，你可能会有新的看法。当你再次读草稿时，不要按顺序读；略过概述的部分，比如前言、大章节的第一个自然段、结论。然后，根据阅读的感受，像一个第一次阅读论文的人那样进行修改。论文是否前后一致？论证是否完整？更好的办法是请另外一个人浏览你的论文，然后听他做总结：此人总结的好坏，预示着读者最终能否很好地理解你的论文。最后，即使你不完全同意读者的意见，也要永远认真对待他们。

小建议：摘要

摘要告诉读者他们将会在一篇论文、文章或报告中获得什么。它应该比前言短，但要完成三个前言要做的事：

- 说明研究问题；
- 说明主要线索；
- 说明主要论点或出发点。

不同领域的摘要有所差异，但基本上都属于下述三种模式。不妨请教老师或参考标准期刊，以确定你所属的领域该使用哪种模式。

1. 语境 + 问题 + 主要论点

这种摘要是个简略的前言。以一两个句子起头来建立先前研究的语境，接着以一两个句子陈述问题，然后以研究的主要结果来作为结论。

学者们一直认为民主制度能改善公民的生活质量，【语境】但最近的研究表明这种正统的观点并不正确。研究表明，国家体制与人类发展水平基本上没有关系。【问题】在本文中，我们提出民主制度有助于人类发展提高，但仅是一种历史现象。【主要观点】

2. 语境 + 问题 + 展开式论点

这个模式与前一个模式基本相同，区别是陈述一般性质而不指出具体结果（见 12.1.1）。

学者们一直认为民主制度能改善公民的生活质量，【语境】但最近的研究表明这种正统的观点并不正确。研究表明，国家体制与人类发展水平基本上没有关系。【问题】在本文中，我们审视了这项研究工作，推出了一系列因果途径，民主制度通过这些途径有可能改进社会福利，并检验了两个假设：（a）一个国家在某一年的民主水平影响其人类发展水平；（b）民主在过去一个世纪的发展状况影响其人类发展水平。我们把婴儿死亡率视为人类发展的关键指标，在对这两种假设进行了一系列时间序列分析和跨国统计检验后，我们发现支撑前一个假设的证据很少，支撑第二个假设的证据充足。【总结】所以，我们认为民主和发展的关系是与时间有关的历史现象。【展开式论点】

3. 总结

总结模式也会说明语境和问题，但在报告研究结果之前，它会对论证的其余部分做出总结，强调支撑研究结果的证据或研究方法。下面是当时杂志上发表的一段摘要：

民主制度能改善公民的生活质量吗？学者们一直假定如此，【语境】但最近的研究对这种正统观念提出了质疑。【问题】本文审视了这项研究，阐明了一系列因果关系，在其作用之下，民主制度可能会改善社会福利。此外，本文还检验了两种假设：（a）一个国家在某一年的民主水平影响其人类发展水平；（b）民主在过去一个世纪的发展状况影响其人类发展水平。我们把婴儿死亡率视为人类发展的关键指标，在对这两种假设进行了一系列时间序列分析和跨国统计检验后，我们发现支撑前一个假设的证据很少，支撑第二个假设的证据充足。【总结】所以，我们认为民主和发展的关系是与时间有关的历史现象。【主要观点】

由于这一版中包含了综述信息，所以有关研究问题的表述被简化了。还需要注意首句，它没有像往常那样说明语境，而是采用了设问句“民主制度能改善公民的生活质量吗？”设问本身就暗示着答案。即使是摘要这样的短文也可以采用常见的修辞手段。

最后还有一点要提示给你：如果你的研究成果公开出版了，其他研究人员就会用关键字进行搜索。所以，你可以想一想别人会用什么关键字寻找你的论文。你可以把这些关键字放进标题或摘要的首句之中。

第14章　利用参考文献

做研究有没有经验，就看能否有效地利用参考文献了。但即使是研究新手，只要能做到既尊重参考文献又尊重读者，便也能传递一种可信的气质。

14.1　引用、改写、综述要恰当

你的论文必须用你自己的话写，反映你自己的思想。但你的思想需要支撑，为此你需要引用、改写、综述参考文献。我们前面说过，不同研究领域做法不一：人文学者的引用量比社会科学家和自然科学家多，而社会科学家和自然科学家改写和综述的量比较大。你必须决定自己使用信息的方式。下面是几条原则：

● 如果你并不需要某种参考文献的细节，或它的重要性不高，不需要大量篇幅，你可以选择撰写综述。

● 当你能比某种参考文献更简洁地说明一件事，或你的论证所需要的细节并不有赖于参考文献的具体用语时，你可以选择改写。

● 当你有以下需求时可以选择引用：

○ 参考文献的原话能支撑你的论证；

○ 参考文献来自权威者且能支撑你的观点；

○ 参考文献的原话非常独特，或极好地表达了你的关键概念，如果加以引用，可以展开长篇议论；

○ 你不同意参考文献的原话，为公平起见，你想严格地复述出来。

你每次综述、改写、引用完，都要以恰当的形式给出文献目录信息（见14.5及后面小建议）。千万不要把网上下载的东西与几句你写的话拼凑在一起。老师看到这样的论文是会生气的，因为其中没有原创思想。有见识的读者不用细看就会拒绝这样的论文。

14.2 直接引用

直接引用的两种形式：

- 引文四行字及以下，用引号包括在你的正文中。
- 引文五行及以上，放进一个独立的缩进段落中。

在正文中包括引文有三种形式。

- 在标识词组（“作者说”“根据作者的说法”“正如作者所言”）的后面放置引文。

戴蒙德说：“肥沃新月地带和中国的历史……给现代世界的启示是：环境改变，过去的领先地位难保。”（417）

● 用一句解释性或标志性的话引出引文。

戴蒙德提醒我们可以从历史中寻找经验："肥沃新月地带和中国的历史……给现代世界的启示是：环境改变，过去的领先地位难保。"（417）

● 把引文融入你的话中。

戴蒙德提出肥沃新月地带和中国的历史"给现代世界的启示"是"环境改变，过去的领先地位难保"。（417）

你可以改写引文，但不能改变其原意。你删去的部分用"……"标识，改变的部分用方括号。下面的引用方式并未改变原始引文的意思：

波斯纳的重点是宗教，但不是其精神性，而是其社会功能："美国社会的一个明显特征是其宗教的多元性，我们应该考虑这种特征是如何与用社会规范管理社会的有效性相关联的，从历史角度看，宗教即是社会规范的根源，也是社会规范的维护者。"（299）

下面这一版用作者自己的句子改写了引文：

在讨论宗教多元主义时，波斯纳说，"美国社会有一个明显的特征，那就是【我们的】宗教多元性"。他还评述了"在考虑到宗教既是社会规范的根源，也是社会规范的维护者的情况下"，社会规范是如何影响"社会治理……"的。（299）

14.3 向读者展示证据是相关的

或许你现在确信自己提供的证据能支撑自己的理由，并且觉得读者也会如此认为。但证据不会说话，特别是那些长长的引文或复杂的数字报表。你必须写一句话，引导读者意识到证据的意义。例如，下面这段文字提出了一个有关哈姆雷特的观点，证据来自下面的引文：

当哈姆雷特看到他的继父正在祈祷，他显示出出色的理性：【观点】

他现在正在祈祷，我正好动手；（杀死他）

我决定现在就干，让他上天堂去，我也算报了仇……（哈姆雷特陷入沉思）

（但）不，那还是要考虑一下：一个恶人杀死我的父亲；我，他的独生子，却把这个恶人送上天堂。

为什么，这不是报仇，而是报恩。（3.3）【展示证据】

很难看出来这段引文能支撑作者的观点，因为没有具体谈及哈姆雷特的理性。下面这段则不同：

当哈姆雷特看到他的继父正在祈祷，他显示出出色的理性。【观点】他产生了要杀死克劳迪斯的冲动，但他突然住了手，陷入沉思：如果在克劳迪斯祈祷时杀死他，他会把克劳迪斯的灵魂送上天堂，但是他想让克劳迪斯去地狱，于是他冷静地决定以后再杀死克劳迪斯。【理由】

他现在正在祈祷，我正好动手……【展示证据】

此时我们才看清了两者间的联系。（图表和数据也是如此；见 15.3.1）

有证据，但没有理由，读者便看不懂证据的意义。所以，复杂的证据需要用语言来解释。

14.4　引用参考文献的社会意义

14.4.1　引用对你有利

引用参考文献使你免于剽窃的指责。除了这狭隘的自我利益之外，正确引用参考文献有助于端正你的人品。首先，读者不会信任他们找不到的参考文献。如果你没有正确引用参考文献，他们就找不到那些参考文献，也就不会信任你的证据；如果他们不信任你的证据，他们就不会信任你的论文，甚至连你也不信任了。其次，许多有经验的研究人员认为，如果一个作者连简单的事都做不好，就根本不用相信此人能把大事做好。引文既详细又正确，有经验且可靠的研究人员能做到，但草率的研究新手做不到。最后，老师安排你做研究论文，就是为了让你学会把别人的研究融入自己的思想。如果你引用得当，说明你掌握了研究中的一个重要步骤。

14.4.2　引用对读者有益

读者在读你的论文之前、读的过程中、读完后都在使用你引用的参考文献。阅读之前，有经验的读者要先看你的论文罗列的参考文献，看看你利用了谁的工作成果，没有利用谁的工作成果。在他们阅读论文的过程中，他们通过你的引用看你的证据在多大程度上是可以信赖的、被大家认可的、完整的。那些引用了过时的参考文献，或引用了互联网上新鲜事的论文，会引起读者的警觉和疑心。当读者看到论文引用了丰富的参考文献，他们就会有信心。最后，就如同你利用他人的参考文献目录开始做研究一样，有些读者也会利用你的参考文献目录开始他们的研究工作。

14.4.3　引用是你给参考文献的荣誉

最后，引用是你给参考文献的荣誉。没有学者会因为写《俄亥俄州

1825至1850年间的教育状况》这样的论文赚到钱。学者写论文不为钱；名誉是他们做出好工作的回报。同行引用他们的论文，说明同行足够尊重他们，这使得他们快乐——即使同行是在批评他们，他们也会感到快乐。参考文献的作者或许不知道你在引用他们的工作，但这并不重要。当你引用参考文献时，你是在向参考文献的作者表达敬意，因为你欠了他们智力债。

简言之，当你完整地、准确地引用参考文献时，你就在为研究社会的发展壮大做贡献，研究论文在研究社会中才能获得学术价值和社会价值。

14.5 引用的四种常用格式

如果大家都按照同一种格式引用参考文献，那会使做研究变得简单一些，但实际情况并非如此。学术研究领域有两种基本的格式，每种格式对应着两种通用的版本。各种版本之间的差异虽说微小，但对读者而言很重要。所以，你要找到适合自己的引用格式，可以求助好的参考文献引用指南（网上就有）。

现如今，许多研究人员用软件自动产生特定格式的引用信息。有些老师鼓励学生这样做。但也有老师觉得学生不应该依赖软件，而应该自己学会如何引用。如果你不知道老师的态度，你可以去问一问。

14.5.1 两种基本格式：作者 - 题目，作者 - 日期

所有的引用格式都以作者名、编辑名或负责那种文献的人名开始。我们根据作者名后的信息来判断其运用的式样是什么类型。如果作者名之后是题目，式样就是作者 - 题目格式。

Anes, Lee J. *A Story of Ohio: Its Early Days*. Boston: Hobson Press, 1988.

阿内斯，李.《俄亥俄州的故事一则：早期生活》. 波士顿：霍布森出版社，1988.

这种格式在人文学科中很常见。

如果作者之后跟着日期，被称为作者 - 日期格式。

Anes, Lee. 1988. *A Story of Ohio: Its Early Days*. Boston: Hobson Press.

阿内斯，李 .1988.《俄亥俄州的故事一则：早期生活》. 波士顿：霍布森出版社 .

这种格式在自然科学中比较常见，在大多数社会科学中也很常见，因为这些学科变化很快，读者想知道参考文献的新旧程度。这种格式让读者一眼就能看到放置在引用行开头的日期。

14.5.2　两种作者 - 题目格式

有两种不同的作者 - 题目格式，均来自知名的格式手册。

- **芝加哥作者 - 题目格式：**《芝加哥手册（第 16 版）》（芝加哥：芝加哥大学出版社，2010）。这种格式有时也被称为“杜拉宾格式”，源自著名的凯特 · L. 杜拉宾（Kate L.Turabian）写的《芝加哥大学论文写作指南（第八版）》（芝加哥：芝加哥大学出版社，2013）。在使用这种格式时，你把参考文献罗列在参考文献目录中，在正文中引用时，要写脚注和尾注。

- **美国现代语言协会格式：**《MLA 论文写作手册（第八版）》（纽约：美国现代语言协会，2016）。你在上文学课或写作课时很可能已经接触到了美国现代语言协会格式。在使用这个格式时，你罗列出引用的文献，并在后面加括号注明出处。

这两种格式虽说差别不大，但这些差异很重要，所以一定要查阅权威格式手册。

14.5.3 两种作者－日期格式

有两种作者－日期格式，均来自知名的格式手册。

● **芝加哥作者－日期格式：**这种格式在《芝加哥手册》中也有描述，有时被称为“杜拉宾格式”。你在罗列参考文献时可以使用这种格式，如果在正文中使用，要把参考文献放在括号中。

● **美国心理学会格式：**《APA 格式手册（第六版）》（华盛顿：美国心理学会，2009）。这种格式也要把文献放在括号之中。

与作者－标题格式类似，这两种格式仅有细微差异。但差异虽小却很重要，所以你要按照规定使用标点符号、空格和大写字母。

14.6 避免无意的剽窃

写论文时，你可能会犯研究人员的大忌：让读者觉得你在剽窃他人的成果。如果剽窃的指控是真的，对一位职业作者来说是对名誉无法挽回的损害，对学生来说，可能导致成绩不及格，甚至被开除学籍。当学生把从互联网上买来的论文，或从兄弟会、姐妹会里拷贝来的文件签上自己的名字时，他们知道自己在骗人。大多数学生还知道从参考文献中成段抄袭也是骗人的行径。千万不要做骗人的事。

但是，许多没有经验的作者其实并没有意识到自己可能会被指责剽窃，因为他们做事粗心或不知情。如果你做了下述几件事，就有可能被指责剽窃：

● 你引用、改写、综述了参考文献，但却没有引注。

● 你用了其他人的想法或方法，但没有引注。

● 你用了参考文献中的话，你其实是在引用，但你并没有把这段话加上引号，或做缩排处理。

● 你改写了参考文献上的一段话，并引注了出处，但任何人都看得出来，虽然你进行了改写，但你的用词与原文太过相似。

14.6.1 每次引用、改写、综述都要标明

每次引用参考文献，你都要引注出处，即使是改写或综述也要如此。同一参考文献，不同页上的引用、改写、综述，也都要逐一引注出来。如果改写或综述有几页长，在结束时做引注。（参见本章结尾处的如何在正文中进行引注的提示专栏。）

最常见的情况不是学生们不知道应该引注，而是他们忘了记录哪些是自己借用他人的词句。这就是为什么我们要在第 6 章规劝你在笔记中区分出哪些是你对参考文献的引用、改写和综述，哪些是你自己的分析、思考和评论。每当你增加完一条引文，一定要立即增加引注，因为你很可能到后来就忘记了。当你改写他人的文字，或给他人的文字做综述时，你要特别注意做引注，因为你可能忘记其出处。

14.6.2 每段引文都要有出处

即使你引注了参考文献，读者必须知道哪些字不是你的，不要因为引用他人的字数少而忽视这点。如果你引用的文字少于一行字，情况会变得复杂起来。请看如下例子：

“由于技术衍生出技术，衍生出的技术可能比原始技术更加重要。技术发展史说明存在所谓的自动催化进程：随着时间的推移，进程自发地发展得越来越快。”（戴蒙德 1998，301）

如果你想写一写戴蒙德的想法，你可能会使用一些他的用词，比如发明的重要性。但你不会把这个词组放在引号内，因为这个词并没有原创性。

但是，有两个词组非常重要，你必须放置在引号内：技术衍生出技术、自动催化进程。例如：

技术的力量超越发明创造本身，因为“技术衍生出技术”。正如戴蒙德所言，这是一个“自动催化进程”（301）。

在这样的引注之后，下次再遇到这两个词组，你就不必加引号或再次引注了：

当一项发明衍生出另一个发明，这个过程不断延续时，它就变成自催化的过程，并且还能跨越国界。

这是一个灰色地带：有些词语似乎对某些人有力，但另外一些人并不这样认为。如果你用的引号太多，把许多普通的词都包含进去了，读者会觉得你幼稚。但如果读者觉得有些词你应该加引号，而你却没有加，那么他们就会怀疑你剽窃。由于幼稚比不诚实要好，在你早期的研究生涯中，多用一些引号吧。（但你必须尊重你的研究领域内的习惯。例如，律师在使用法律条款或判决词时不加引号。）

14.6.3 改写不能太像原文

你的改写是否合适，主要看你的遣词造句是否比原文更好地表达了原意。但如果读者发现你的用词跟原文有一一对应的关系，他们可能会觉得你在剽窃。

例如，下面是马尔科姆·格拉德威尔（Malcolm Gladwell）写的《出类拔萃的人：成功的故事》：

“成就是才华加努力。这个观点存在问题。心理学家深入研究了有才华的人的职业生涯，发现才华作用比较小，努力的作用比较大。”（38）

改写得太相似就是剽窃：

成功似乎依赖于才华和努力。但当心理学家仔细研究了有才华人的职业生涯后，他们发现才华的作用比努力要小。（格拉德威尔，38）

这段改写不算剽窃：

格拉德威尔总结了对成功人士的研究结果，认为我们可能高估了才华的作用，低估了努力的作用。（38）

此段中的遣词造句与原文不相似。请注意，我们没有把才华和努力这两个词加上引号。因为我们认为这两个词很普通，可供我们自由使用。

为避免剽窃的嫌疑，先把原文读一遍，把视线从原文移开，思考一会；在不看原文的情况下，用自己的话复述原文。之后，检查你的改写是否跟原文在用词上有相似的地方。如果有，你需要重新改写。

14.6.4 想法不是你的就要引注

大多数想法都能在参考文献中找到，但读者不希望看到你引注说地球是圆的。不过，他们希望看到你在下述诸情况下做引注：（1）源自历史上某人的想法；（2）想法比较新，还未成为研究领域里的常识。例如，心理学家宣称，我们的思考和感受来自大脑的不同部分。读者不会希望你去引注这个想法，因为大家对此很熟悉了，不会认为你要据为己有。另一方面，有些心理学家认为，情绪在理性决定中发挥关键作用。这个想法就比较新，你需要明确引注。

14.6.5 不要为无知、误解、无辜做辩解

有些学生真的以为他们不必为互联网上下载的资料做引注，因为互联网是免费的、公开的。这是错误的看法。还有一些学生辩护说他们不想误导他人。可是读者只能读到你写的字，读不到你头脑中的真实想法。你应该这样看待这个问题：如果原始作者看到你写的东西（包括改写、综述，甚至概念、方法），他能否认出那是他的原创？如果他能认出来，你就必须做引注，不应该做任何自我辩护。

为什么要对无意中的错误那样在意？

有些学生不解，为什么老师要对无意中犯的错误那么在意？有什么了不起呢？

首先，那会伤害你的信誉。该引注，你不引注，只需一次，读者就会怀疑你的诚实度，这会影响高年级学生的前途。不仅如此，对低年级的学生也很重要。老师不是为了自己才让你写论文的，而是为了那些只能凭借你的文字来判断你的为人的人。这些人需要看到你不仅真的会使用参考文献，还能仔细地、完整地做引注。

还有些学生认为剽窃并不伤害谁。这是不正确的看法。最近出了这样一件事，两位年轻学者为20年前发表过的方法和想法找到了新用途，为此他们受到好评。他们轻描淡写地谈及方法和想法的出处，但未能做完整的引注。他们这样做，不仅剽取了本不属于他们的信誉，还剥夺了原作者本该获得的荣誉。更为恶劣的是，由于没有提供参考文献目录信息，读者必须花费时间重新发现原始参考文献。他们不仅失去了信誉，还失去了获得晋升的机会，这个代价太高了。

小建议：在论文中做引注

你在论文里必须为每一次引用做引注。有三种最常见的引注格式：芝加哥作者 - 日期格式、现代语言协会格式、美国心理学会格式（见 14.5）。美国心理学会格式用括号插入的形式做引注，引导读者去参考文献的某页，并提供足够信息帮助读者在参考文献列表中找到相关的条目。

有些人宣称，卡斯特罗要改革古巴的政治。（史密斯，1999，233）

如果使用芝加哥作者 - 标题格式，你或许要用上标数字或下标数字，引导读者去看写在页面底部或论文后面的注释。

有些人宣称，卡斯特罗要改革古巴的政治。[5]

5. George Smith, *Travels in Cuba*（Boston: Hasbro Press, 1999）, 233.

5. 乔治·史密斯,《在古巴旅行》（波士顿：哈斯堡出版社，1999）, 233.

括号引注

括号引注（正文引注）只提供定位信息，帮助读者在论文后面的参考文献列表中找到正确的条目。研究领域不同，参考文献列表的称呼也不同，有的叫参考文献目录，有的叫参考目录，还有的叫引用的著作。你可以选用作者 - 标题格式，也可以选用作者 - 日期格式。例如，下面是作者 - 标题格式的引注，你在正文中没有提及作者名，并且仅引用他在参考文献目录中的一种著作：

芝加哥作者 – 标题格式（作者，页号）：

仅有一位作者提供了相关的数据。（凯，220）

现代语言协会格式（作者，页号）：

仅有一位作者提供了相关的数据。（凯，220）

如果你引注的参考文献列表包含多于一种出版物，你必须增加简短的标题信息，供读者区别你引注的是哪一种。在这种情况下，两种格式是一样的：

芝加哥作者 – 标题格式、现代语言协会格式（作者，简短的标题，页号）：

仅有一位作者提供了相关的数据。（凯，《一生》，220）

利用作者 – 日期格式，你必须在每个引注中增加日期：

芝加哥作者 – 日期（作者，日期，页号）：

仅有一位作者提供了相关的数据。（凯，2006，220）

美国心理学会格式（作者，日期，p. 页号）：

仅有一位作者提供了相关的数据。（凯，2006，p.220）

如果你在正文中提及了作者名字，你在引注中可以不写作者名字：

芝加哥作者 – 日期格式：

凯是唯一提供了相关数据的人。（2006，220）

现代语言协会格式：

凯是唯一提供了相关数据的人。（220）

美国心理学会格式：

凯是唯一提供了相关数据的人。（220，p.220）

如果所引用的作者有多位，还有更多的规则需要遵守。如果你引用同一位作者的多种著作，同样也有更多的规则要遵守。对此，你可参考相应的手册。

评注和参考文献目录

按照芝加哥作者－标题格式，你用脚注或论文最后的尾注引导读者去看参考文献目录中的条目。评注使用的信息跟参考文献目录使用的信息是一样的，但有三点不同：姓名的名在前，姓在后；信息用逗号隔开，而不是句号；出版日期在括号内。

评注格式：

5. George Smith, *Travels in Cuba*（Boston: Hasbro Press, 1999）, 233.

5. 乔治·史密斯，《在古巴旅行》（波士顿：哈斯堡出版社，1999），233.

参考文献目录格式：

Smith, George. *Travels in Cuba*. Boston: Hasbro Press, 1999.

史密斯，乔治 .《在古巴旅行》. 波士顿：哈斯堡出版社，1999.

详细规则请参考杜拉宾手册或芝加哥手册。

越来越多的研究人员在使用括号引注，而不用评注，因为评注与参考文献目录中的信息有重复。如果有疑问，请向老师咨询。

第 15 章　图表显示证据

用图表显示数字，大多数读者觉得比用语言表述更加容易理解。但不同形式的图表适合显示不同类型的数字证据。在本章中，我们教给你如何选择图表形式，以最佳的方式帮助读者理解你的数据怎样支持你的论证。

15.1　在图表或语言之间做选择

如果数据量小，又简单，读者理解起来比较容易，用图表或语言都差不多：

2013 年，平均看，男人每年赚 50,033 美元，女人每年赚 39,157 美元，相差 10,876 美元。

表 15.1　2013 年男女收入差别（美元）

男人	50,033
女人	39,157
相差	10,876

如果数据量大，读者理解起来就困难了：

在1970年至2010年之间，家庭结构朝着两个方向发展。1970年，85%的家庭有双亲，但到了1980年，这个比例下降到77%，到了1990年又下降到了73%，2000年68%，2010年64%。单亲家庭的比例上升，特别是只有母亲的家庭。1970年，11%的家庭是单身母亲。1980年，这个比例上升到18%，1990年是22%，2000年是23%。单身父亲家庭在20世纪70年代只占1%，1980年为2%，1990年为3%，2000年则占4%。家里没有成年人的家庭自1970年到2000年间均维持在3%到4%左右。

有关术语：图表是数字的视觉描述。一般来说，图和表是不同的。表由行和列组成；图包括各种图案形式。图包括：曲线图、直方图、照片、手绘图、示意图。用于显示数字的图分为两类：直方图、曲线图。直方图可用柱型、圆、点等形状显示；曲线图用曲线显示。

15.2　选择最恰当的图表形式

用图表显示数据，最常见的形式是数字表格、条形图、曲线图。每种都有不同的效果。

数字表格看上去精确、客观。它强调具体的数字，要求读者自己去发现数字中的关系和趋势（或者你告诉读者）。

表15.2　美国家庭结构的变化（1970—2010年）

	所有家庭占比				
家庭类型	1970	1980	1990	2000	2010
双亲家庭	85	77	73	68	64
单身母亲家庭	11	18	22	23	27

单身父亲家庭	1	2	3	4	4
无成年人家庭	3	4	3	4	4

图，不够精确，但比数字表格更加有效。不同种类的图作用不同，条形图突出不同数字之间的差异：

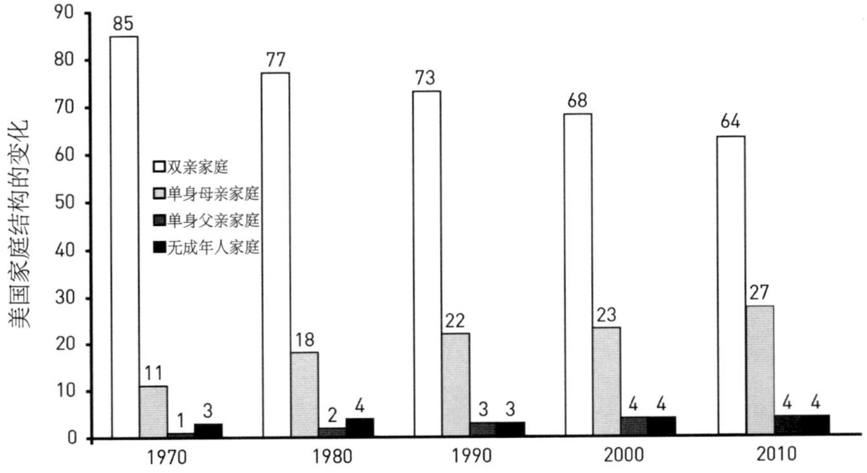

图 15.1　美国家庭结构的变化（1970—2010 年）

曲线图适合表示随时间变化趋势：

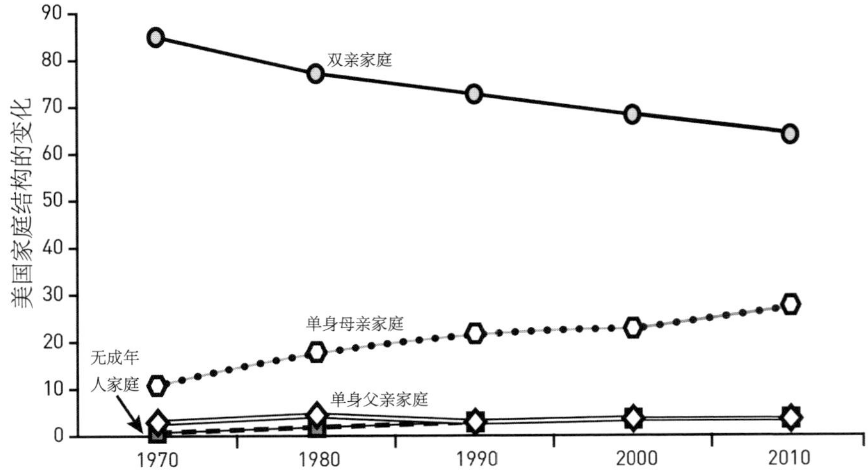

图 15.2　美国家庭结构的变化（1970—2010 年）

不要先想到什么图表就用什么，要考虑什么形式的图表最合适。

你的经验越多，可选的图表形式就越多。如果你初学量化研究，可以就选基本的数字表格、条形图、曲线图。计算机软件提供了大量可选的图表，但不要用你不熟悉的。如果你在做比较先进的研究，读者希望你选用更多在本研究领域里可用的图表。为此，你可以查阅 15.7，那里有常见图表的解释。如果你在做博士论文，或你的研究领域经常需要处理大量复杂数据，你或许可以考虑使用更加具有创造性的方法去呈现数据（参见参考文献中提供的资源）。

下面是如何使用基本图表的指南。

15.3　设计表格、条形图、曲线图

计算机能做出令人目眩的图表，导致许多作者让软件替他们做设计。这是不对的。读者并不关心图表是否好看，而要求图表能清晰地表达你的意思。有几个设计原则你要遵守。为此，你需要改变你的图表软件系统的基本设置。

15.3.1　图表要能帮助读者理解

描述复杂数据的图表很难理解。你必须恰当选择设计图表，使读者能看出图表与你的论证之间的关系。

1. 图表的标识要反映图表的内容。数字表格标识叫图表的标题，放置在图表的上面；图的标识叫图例，放置在图的下面。标题和图例要简短，但要能说明图表的性质，以有别于其他图表。

- 避免宽泛的标题或图例

错：家庭数

对：单亲和双亲家庭的变化（1970—2010 年）

- 不要给背景信息或数据隐含的特征

  错：自闭儿童在经专业人士心理辅导后的微弱效果（1995—2004 年）

  对：心理辅导对自闭儿童的效果（1995—2004 年）

- 图表的标识要能区别同类的数据

  错：高血压的风险因素

  对：伊利诺伊州凯罗的男性高血压的风险因素

  或：密苏里州圣路易斯的男性高血压的风险因素

2. 在图表中插入信息，帮助读者看出数据支持你的观点。例如，如果数字表格中说趋势和趋势的大小很重要，那就在最后一列中显示数字的变化情况。如果曲线图中的变化原因没有在图中被提及，增加文字信息解释这点。

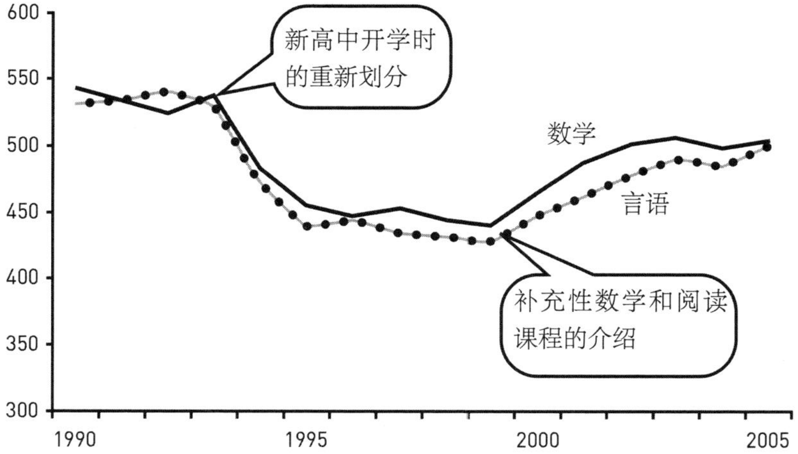

图 15.3 中等城市高中的 SAT 分数（1990—2005 年）

3. 用一句话介绍如何解读图表。然后强调图表中哪些地方是读者应该关注的，比如介绍词中提及的某个数字或关系。例如，我们研究了表格

15.3，理解了它如何支撑前面的句子：

所有关于汽油消费量要增加的预测全是错误的。

表 15.3　汽油消耗量

	1970	1980	1990	2000
年里程（000）	9.5	10.3	10.5	11.7
年消耗量（加仑）	760	760	520	533

我们需要一句话解释表格中的数字如何支撑观点，或如何解释观点。我们需要图表的标题传递出更多信息，需要更多的图示，突出我们应该从表格中看到的：

汽油消费没有像预测的那样增长。虽然美国人在 2000 年比 1970 年开车多走了 23% 的路程，但少用了 32% 的汽油。

表 15.4　人均里程和汽油消耗量

	1970	1980	1990	2000
年里程（000）	9.5	10.3	10.5	11.7
与 1970 年相比的变化（%）		8.4%	10.5%	23.1%
年消耗量（加仑）	760	760	520	533
与 1970 年相比的变化（%）		0%	（31.5%）	（31.6%）

增加的这句话告诉我们如何解读表格 15.4 中的关键数据，阴影部分告诉我们去那里看数据。

15.3.2　图表要尽量简单

有些教材鼓励你尽可能多地向图表中填充数据。但读者只想看与你的观点有关的数据，不想分心。对所有图表来说：

1. 仅放进相关数据。如果你想记录下来所有数据，你可以在给予恰当标识后放入附录中。

2. 使视觉效果简洁。

- 每个图表仅包括两三组数据。
- 阴影部分不要颜色。

针对表格

- 不要用横和竖黑线划分行和列，只用淡灰色的线，除非表格比较复杂，你想引导读者的视线到某个表格中的区域。
- 如果表格有许多行，每五行加一条阴影。

针对条形图和曲线图

- 如果数据复杂，或读者需要看清数字，那就在背景上布置网格线，颜色淡灰。
- 颜色和灰度仅用来对比数据。如果正文印刷时有颜色，之后也不会被复印时（复印时，许多颜色都变得一样），图表采用彩色。
- 不要用图案做条形（比如用汽车图案代表汽车生产量），或为了好看变成三维图形。这显得很业余，影响读者的价值判断。
- 除非你的读者熟悉三维图，或没有其他办法可用，否则不要使用三维图。

3. 图表的标识要清晰

- 图表中的行和列全要有标识。
- 刻度要清晰。
- 如果可能，要标识图表中的每一条曲线或条形。如果标识太多，使得图表看上去很乱，可以用图例。

● 如果确切的数字很重要，在条形的上面增加数字显示，或在曲线图上增加虚线刻度。

15.4　使用图表的详细指南

15.4.1　表格

如果表格中数据多，显得乱，把数据组织好，以便读者阅读。

● 行和列的次序要根据一个原则进行安排，目的是让读者尽快找到他们想看的。不要选择自动的字母顺序。

● 恰当显示约整数。如果差异 1000 不算什么，2,123,499 这样精确的数没有什么意义。

● 总和数放置在列的底部或行的右端，不要放置在顶部或左端。

比较表格 15.5 和表格 15.6。

表 15.5　主要工业国家的失业率

	1990	2001	变化
澳大利亚	6.7	6.5	(0.2)
加拿大	7.7	5.9	(1.8)
法国	9.1	8.8	(0.3)
德国	5.0	8.1	3.1
意大利	7.0	9.9	2.9
日本	2.1	4.8	2.7
瑞典	1.8	5.1	3.3
英国	6.9	5.1	(1.8)
美国	5.6	4.2	(1.6)

表格 15.5 显得很乱，数据项组织得不好。相反，表格 15.6 比较清晰，因为其有明白的标题，显示不乱，数据项组织得让我们很容易看出规律。

表 15.6　工业国家失业率的变化

英语 VS. 非英语国家

	1990	2001	变化
加拿大	7.7	5.9	(1.8)
英国	6.9	5.1	(1.8)
美国	5.6	4.2	(1.6)
澳大利亚	6.7	6.5	(0.2)
法国	9.1	8.8	(0.3)
日本	2.1	4.8	2.7
意大利	7.0	9.9	2.9
德国	5.0	8.1	3.1
瑞典	1.8	5.1	3.3

15.4.2　条形图

条形图靠视觉效果和数据传递信息。但如果条形的位置安排不当，就传递不出信息。如有可能，把条形分组，合理安排位置，从而符合你要传递出的信息。例如，根据图 15.4 前面的解释性文字，你能看出图 15.4 有问题。图中的条形按照字母顺序安排，这个顺序无法帮助读者看出规律。

世界上大多数沙漠集中在北非和中东。

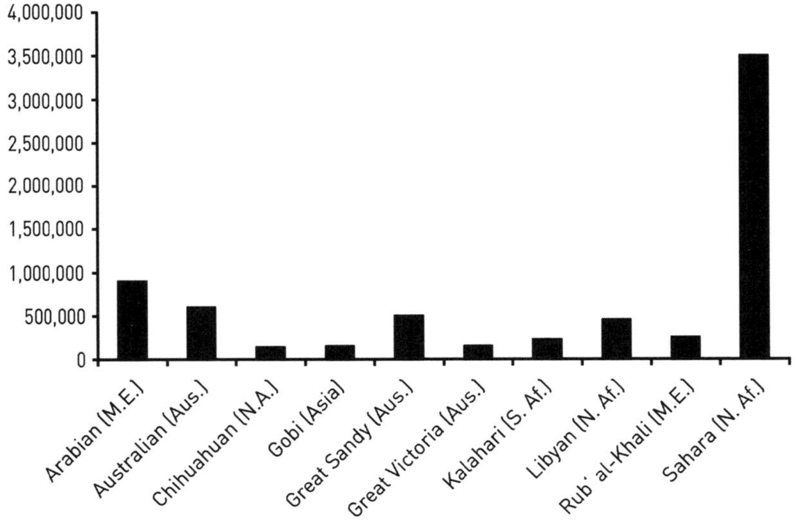

图 15.4　世界十大沙漠

相反，图 15.5 的安排就很适合表达观点。

世界上大多数沙漠集中在北非和中东。

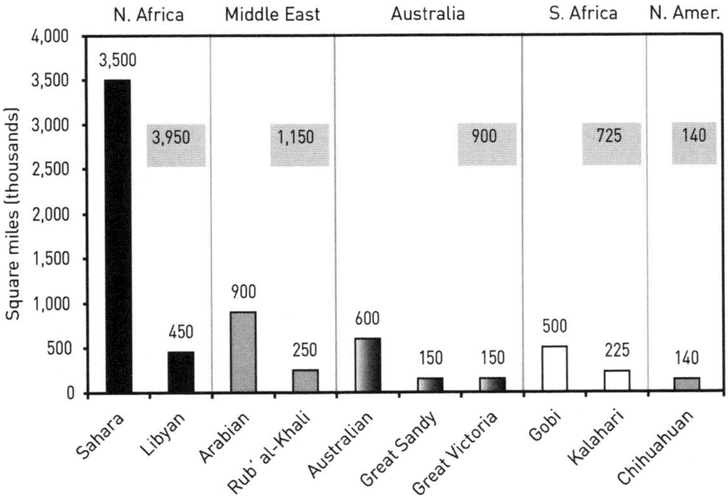

图 15.5　世界十大沙漠分布

在标准的条形图里，每个条形是一个整体。但有时读者想看一看其中的成分。你有两种办法实现这点：

- 把条形分成几个部分，形成堆叠条形图
- 让每个部分有自己的条形，然后分组。

如果你想让读者仅比较诸条形的长短，不关心条形的内部组成时，才使用堆叠条形图，因为读者根本无法用肉眼比较条形的成分。在使用堆叠条形图时，你要做好这些事：

- 条形成分要按照一定的逻辑进行安排。如果可能，把最大的成分安排在底部，并用最深的暗影。
- 诸成分有数字标识，以便进行比较；相关的成分用灰线连接在一起。

比较图 15.6 和图 15.7。

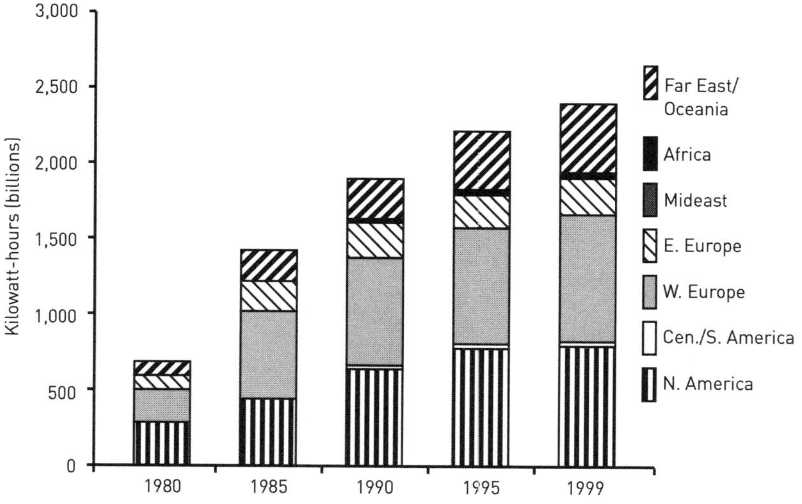

图 15.6 世界核能发电量（1980—1999 年）

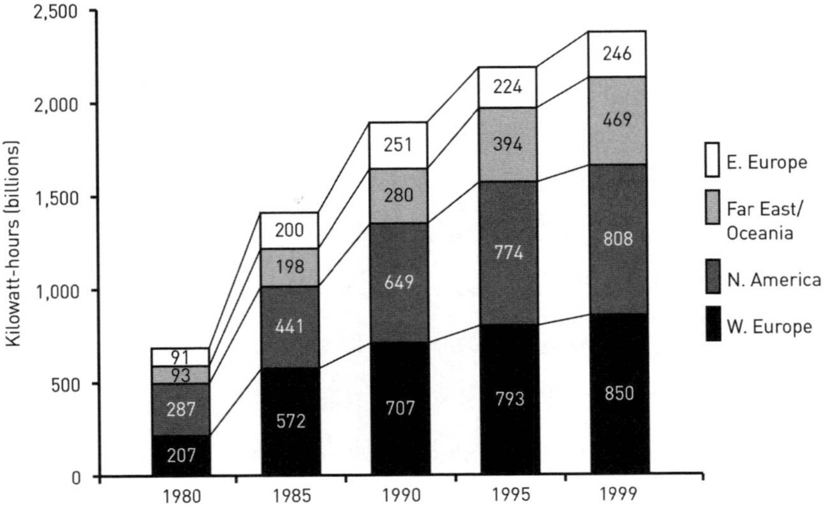

图 15.7　最大的核能发电地区（1980—1999 年）

条形成分的作用跟条形本身一样重要，所以你要给条形分组，分组时要注意如下事项：

- 按逻辑次序安排条形组；如果有可能，尺寸相近的条形放在一组（组内的条形也按此排序）。
- 每组的标识用条形的总数，或在组的上方，或在底部。

大多数适合条形图显示的数据也适合饼形图显示。饼形图在杂志、小报、年报上很常见。虽然饼形图引人注目，但比条形图难看懂。读者必须比较诸成分的比例关系，但这是很难的。但饼形图有自己的优点，特别适合传递定性信息，比如说明某一成分突出地大，或说明某个数据由许多小成分组成。不要用饼形图去表达数量信息，但可以用条形图。

15.4.3　曲线图

曲线图适合看趋势，读者必须能看清图形，这样才能看清趋势。使用曲线图示要注意如下事项：

- 根据你的观点，选择一个变量，使曲线向上走，或向下走。如果好消息是学校辍学学生数目在下降，你可以选择在读学生数目做变量，这条曲线是上升的，这样利用同一组数据，却取得了更好的效果。如果你想强调坏消息，选择一个变量，使之向下走。
- 尽量不要在一张曲线图上画多于六条曲线。
- 如果你仅有十几个数字，用点表示在图上。
- 不要像图 15.8 那样靠曲线的灰度区分不同曲线。

比较图 15.8 和图 15.9。

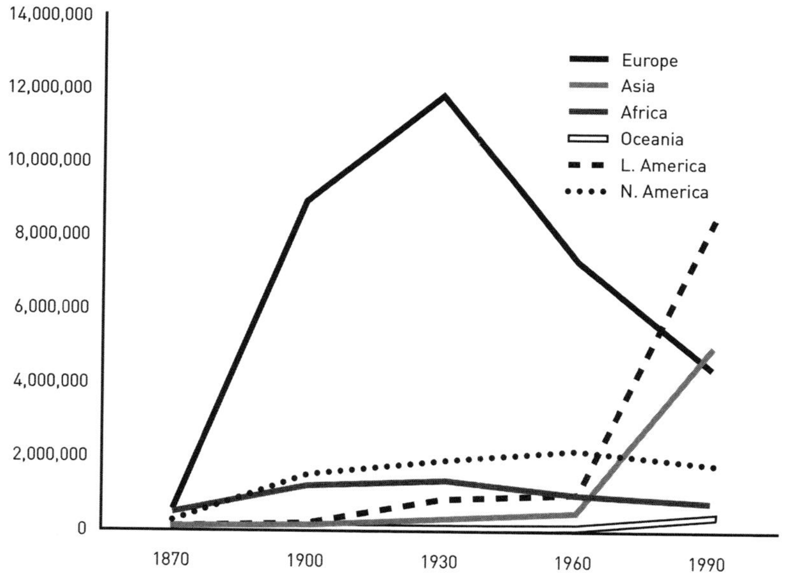

图 15.8 美国的外来移民（1870—1990 年）

图 15.8 很难读，因为灰度很难区分曲线，我们只能来回在曲线和图例之间切换。图 15.9 就比较清楚了。

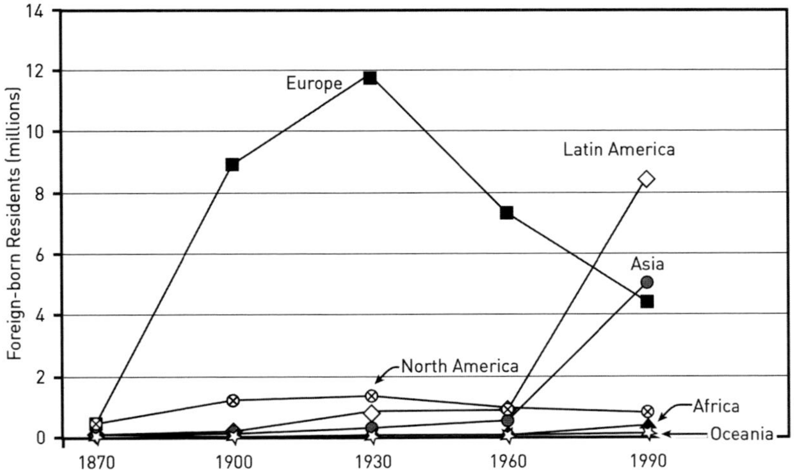

图 15.9 美国的外来移民（1870—1990 年）

同一组数据有不同的显示方法可能会令人迷惑。为了消除迷惑，你需要先试一试。做出几张图，让不熟悉数据的人看一看，请他们判断是否有意义，是否清楚。记住在图前要写一句话，说明你的图要支持的观点。

15.5 显示数据中的伦理

你的图，不仅要清晰、准确，还必须诚实。不要篡改数据，歪曲图形。例如，下面两幅条形图显示同一组数据，但意义却不同。

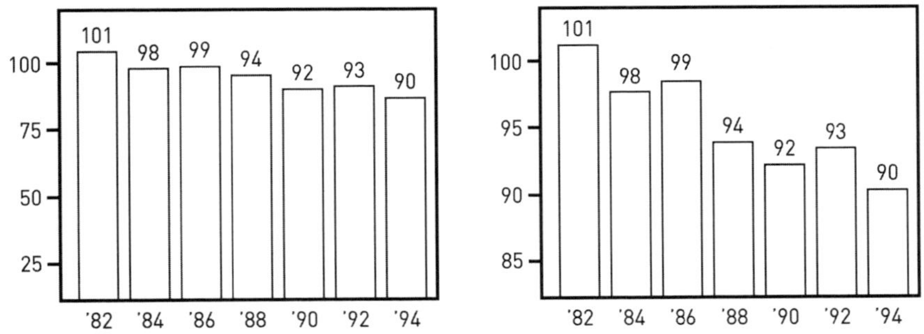

图 15.10 首都城市污染指数（1982—1994 年）

左图用 0 至 100 的标尺，图案相对平坦，这意味着污染下降似乎很小。右边的图垂直坐标的标尺是 0 至 80。标尺小了后，数据的差异被夸大。

图表有时会让人误解数据之间的关系。有些人可能宣称，根据图 15.11 所示，由于参加工会人数少了，所以失业率下降了。确实，按照那张图，工会人数和失业率似乎一起在下降，这使得读者以为两者之间有因果关系：

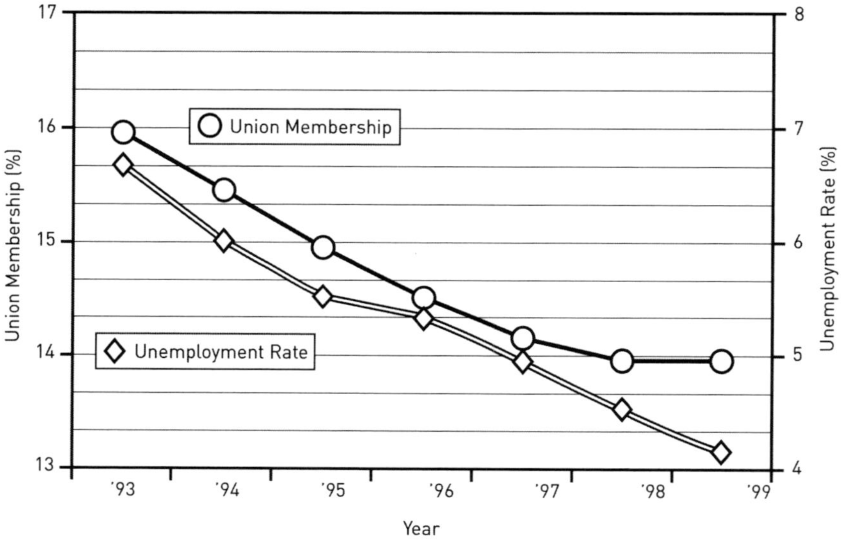

图 15.11 工会成员和失业率（1993—1999 年）

但左边坐标（工会人数）的标尺与右边坐标（失业率）的标尺是不一样的，这给人两者的趋势是一样的感觉。或者这两者的趋势实际上是一致的，但歪曲图中曲线不能证明这点。

图表还可能使读者误判数值而指向错误的结论。图 15.12 中的两幅图所使用的数据是一样的，但给出了不同的结论：

图 15.12 中的两幅图都是堆叠条形图。虽然看上去不同，但数据是一样的。在这类图中，表示变化的不是线的倾角，而是面积。在这两幅图中，代表南、东、西的面积基本上是一样的，表示三者之间没有多少数值差异。但代表北的面积迅速增加，说明有比较大的数值增加。在左边的图中，读

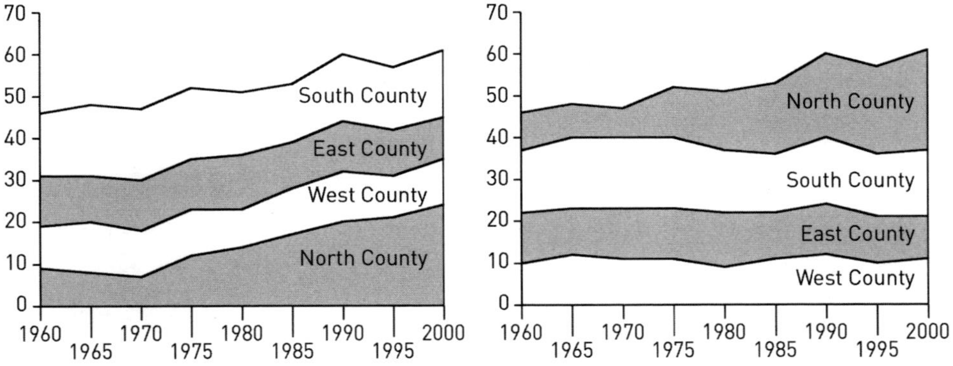

图 15.12 州立大学本科生源郊区占比

者很容易对上面的三块面积做出错误的判断，觉得它们在增长，其实这是因为它们坐落在代表北的面积之上的缘故。在右边的图中，那三个的面积没有增长，因为它们在底下。只有上面的代表北的面积在增加。

下面是四点避免误判的原则：

- 不要操作标尺去夸大或贬低差异。
- 不用歪曲数值的图。
- 不使用过度复杂的图表，或造成误解的简单图表。
- 如果图表支持一个观点，明确地指出来。

表 15.7 常用图表和用途

	数 据	用 途
条形图		
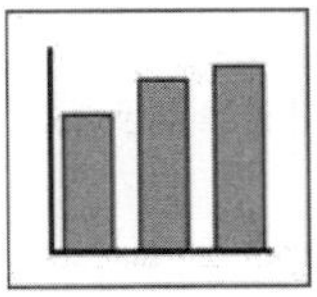	比较一个变量在不同情况下的数值（例如，6 家公司［案例］里服务人员的平均工资［变量］）。	突出不同情况之间的差异，强调个别情况。具体数值，可以放在条形图上。可以表达排序和趋势。垂直的条形图（列）最常见，但也可以是水平的，用于数字大、标识长的场合。

条形图，分组或拆分式		
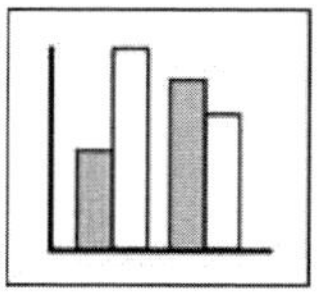	比较一个变量，分成几个子集，针对几种情况（例如，6家公司里【案例】，男服务人员和女服务人员【子集】的平均工资【变量】）。	比较子集和各种情况；对比较各种情况的总值没有用。具体数据可以放置在条形图上。分组条形图对排序和趋势效果不佳；如果不需要看趋势，可以用于时间序列分析，参见15.4.2。
条形图，堆叠式		
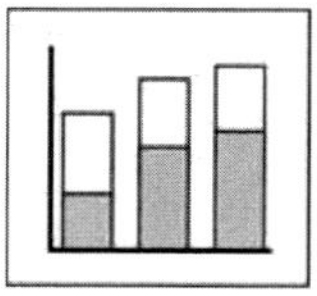	比较一个变量的数值，分成两个或更多的子集，有若干情况（例如，6个产业里【案例】，按地区划分【子集】的骚扰投诉【变量】）。	最适合用以比较各情况的子集的总值；很难比较各子集（用分组条形图）。具体数值放在条形之上。对分析时间序列有用。可以针对总值进行排序和显示趋势，参见15.4.2。
直方图		
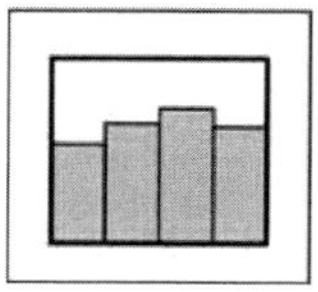	比较两个变量，一个变量按取值范围分段，功能跟条形图一样（例如，服务人员【连续变量】工资范围在0-5000美元，5001-10000美元，10001-15000美元【分段变量】等）。	最适合比较连续数据集合的分段。显示趋势，但强调分段（例如，在5000-10000美元段突然增大，代表兼职者）。具体数值，放在条形之上。
象形图		
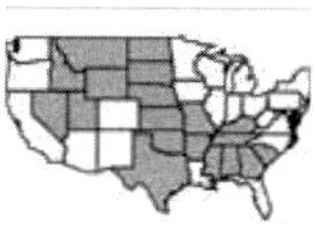	把一个或多个变量的几种情况显示在地图、图表、图像上（例如，州【案例】用红或蓝表示投票的模式【变量】）。	显示数据在已经存在的类别上的分布；不强调具体数字。图像最好是大家熟悉的，比如说地图或流程图。
饼状图		
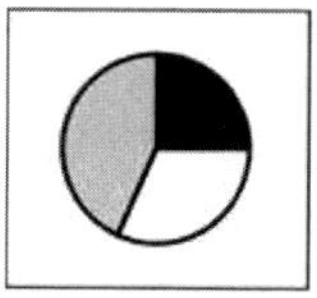	显示一个变量在几种情况下的分布（例如，美国各部门【案例】的预算份额【变量】）。	最适合比较整体与部分的关系。各种情况差别越大，饼分图越有用；否则看不出区别。普通人喜欢用，专家不喜欢，参见15.4.2。
曲线图		
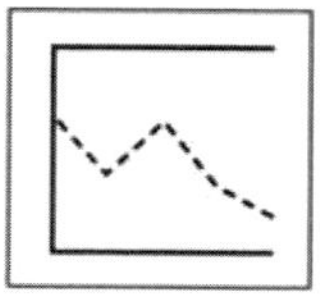	比较一个连续变量，针对一种或多种情况（例如，温度【变量】和速度【变量】在两种不同流体【案例】中的表现）。	最适合看趋势；不强调具体数值。对时间序列有用。为了显示特定值，把数字放在数据点上。为了显示趋势的意义，划出分段网格（低于平均值或高于平均值）。

面积图		
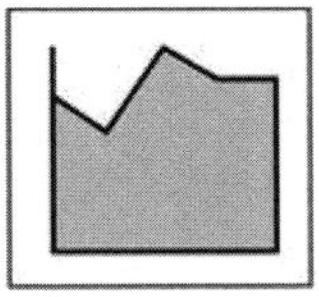	比较两个连续变量的不同情况（例如，在某个学区【案例】，比较阅读测试分数【变量】与时间【变量】之间的关系）。	显示趋势；不强调数值。可用于描述时间序列。如果要显示数值，在数据点上方添加。线下的区域图没有实际意义，但有些读者会误判数据。图中的多条线段和区域图会让读者产生错觉。
叠加面积图		
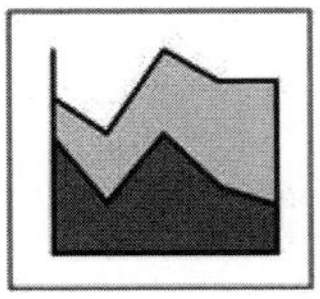	比较两个连续变量的不同情况（例如，几种产品【案例】利润【变量】随时间的变化【变量】）。	显示所有情况的总和的趋势，以及每种情况对总和的贡献。可能会对某个数字或趋势产生误导，参见15.5。
散点图		
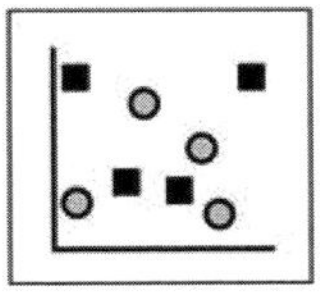	比较两个变量，在多数据点针对一种情况（例如，一个城市【案例】中房屋售价【变量】和到市中心的距离【变量】）。或在一个数据点上的不同情况（例如，品牌忠实度【变量】和修理频率【变量】，针对10个制造商【情况】）	最适合显示数据的分布，特别是数据没有清晰的趋势时，或重点是显示外围数据点时。如果数据点少，可以把重点放在单个数据的意义上。
气泡图		
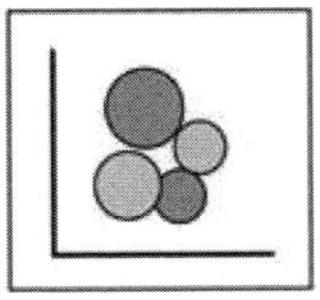	在不同数据点上，针对一种情况，比较三个变量（例如，一个城市【案例】中房屋售价【变量】，和到市中心的距离【变量】，价格【变量】，在某个城市里【情况】）。或在一个数据点上，针对多种情况（例如，10年制造商的【案例】成像广告【变量】，修理频率【变量】，品牌忠实度【变量】）	强调第三个变量（气泡）与前两个变量之间的关系；如果问题是看第三个变量是否是前两个的后果，气泡图最有用。读者很容易错误判断气泡大小的含义；可通过增加数字显示减少误判。

第 16 章　前言和结论

前言写得好，不仅吸引读者兴致昂昂地看你的著作，还为他们更好地理解论文提供条件。结论写得好，你的观点就会清晰地传递给读者，给他们再次回味你著作意义的机会。在本章中，我们将教给你如何写前言和结论。你花在修改前言和结论的时间可能是你修改论文所花时间中最重要的一段。

论文草稿写完了，你就可以写前言和结论了。有些作者觉得剩下的工作按照常规进行就行了：用漂亮的辞藻吸引读者的注意力。虽然这常规并没有错，但读者可不满足于漂亮的辞藻。在第二部分中，我们说过如何围绕着问题展开研究工作。现在，我们要教给你如何利用那个问题吸引读者。真正吸引读者的是问题，因为他们等着解答，而你承诺解决了那个问题。我们说过，如果读者表示不同意你的研究，你仍然可以跟他一起讨论。如果某位读者对你的研究漠不关心，你肯定失去了他。

16.1　前言的结构

正如我们在前面强调过的那样，不同的研究团体有不同的做事方式，但在写前言这个问题上大家的差异并非特别大。下面三个简化的例子来自文化批评、计算机设计、法律史这三个领域。虽然表面看三者不同，但内在的结构是一样的。

1. 为什么机器不能更像人？在《星舰迷航记：银河飞龙》的每一集里，生化人戴塔几乎都会思考人的本质。在《星舰迷航记》的原著里，水星人斯波克先生也提过类似的问题，而他作为人的身份也因其机械般的推理与缺乏感情而备受质疑。事实上，戴塔和斯波克仅是近来被用以揭示人性的“模拟人”。同样的问题已被《科学怪人》和《魔鬼终结者第二集》之类的怪物所提出。但真正的问题是：为什么他们努力想成为的人类角色通常都是白种人而且还都是男性？以文化的诠释者而言，此现象是否心照不宣地强化了我们对“正常”人的刻板印象？按照西方标准定义的模范人似乎就是要把是世界上大多数人排除在外。

2. 作为永恒质量改善计划的一环，Motodyne 公司打算重新设计他们 UnidyneTM 在线协助系统的用户界面。这个用户界面的规格要求自我说明图标，以让使用者不必识字就能辨识出图标。Motodyne 公司对目前的图示已有三年的经验，但仍然没有关于自我解释图标的数据。因为缺乏这类数据，所以无法决定哪些图示要保留或重新设计。本文提供了 11 种图标的数据，并指出其中五种并自我说明的功能。

3. 1780 年在美国境内被逮捕的英国间谍约翰·安德烈少校，在现今社会中会被处以绞刑吗？虽然被视为一个高贵的爱国者，但他仍须接受军法判决的制裁。我们的传统随着时间的推移而改变，但对间谍的惩罚却没有改变。这是唯一可以处以死刑的罪行。不过，高等法院最近驳回了民法判决案例的强制死刑判决，从而产生了是否适用于军法判决案例的模糊性。如果法院的决议也适用于军队，那么国会可能必须重新修订《军事审判法》。本文认为情况将会是如此。

这三篇前言提出的话题和问题各有不同，目标读者也各不相同，但差异背后的共性是读者希望在前言中看到的，而且与研究领域无关。这种共性包含了三个要素：

- 语境和背景
- 问题陈述
- 对问题的回应

不是所有前言都包含这三个要素，但大多数前言都有。

1. 语境：为什么机器不能更像人？……同样的问题已被《科学怪人》和《魔鬼终结者第二集》之类的怪物所提出。

问题：但真正的问题是……此现象是否心照不宣地强化了我们对“正常”人的刻板印象？

回应：按照西方标准定义的模范人似乎就是要把是世界上大多数人排除在外。

2. 语境：作为永恒质量改善计划的一环，Motodyne 公司打算重新设计他们 UnidyneTM 在线协助系统的用户界面。……Motodyne 公司对目前的图示已有三年的经验……

问题：但仍然没有关于自我说明图标的数据。因为缺乏这类数据，所以无法决定哪些图示要保留或重新设计。

回应：本文提供了 11 种图标的数据，并指出其中 5 种并无自我说明的功能。

3. 语境：1780 年在美国境内被逮捕的英国间谍约翰·安德烈少校，在现今社会是否会被处以绞刑？……这是惟一会被处以死刑的罪行。

问题：虽然高等法院最近驳回了民法判决案例的强制死刑判决，但也产生了它们是否适用于军法判决案例的模糊性……国会可能必须重新修订《军事审判法》。

回应：本文认为情况将会是如此。

前言中这些要素，不仅鼓励读者阅读你的论文，还帮助他们理解论文。

16.2　第一步：建立语境

前言的语境要建立起读者和作者之间共同的基础，在此基础上读者可以理解作者想写的大问题。除此之外，这个语境还有其他功用，这点可以用一个寓言故事说明：

在一个阳光普照的早晨，心情愉快的小红帽蹦蹦跳跳地穿过森林，走在通往外婆家的路上。【稳定语境】（想象一群蝴蝶伴着长笛和小提琴的音乐在她头上飞舞）

正如大部分童话故事的开头一样，这个开头建立了一个稳定的、没有疑问的、甚至是快乐的状态。

……突然间，一只饥饿的大野狼从树丛后跳出来。【突破】（想象长号、大号与低音提琴轰然齐奏）吓坏了小红帽。【损失】（如果小朋友沉迷在这故事里的话，也会被吓到）

接下来的故事展开了这个问题，并在最后解决了这个问题。

虽然各种研究报告可能不太一样，但大部分导言都依循相似的策略：以一个共同背景的稳定状态开头，包括表面上不成问题的研究解释。作者接着以一个问题来中断这个稳定状态：诸位读者，你以为自己知道些什么，但你的知识是有瑕疵或不完整的。

稳定的语境：英国间谍约翰·安德烈少校……在现今社会是否会被处以绞刑？……（间谍罪）是惟一会被处以死刑的……

破坏性的问题：然而，高等法院最近驳回了强制死刑的判决……

并非所有的研究报告都以共同背景来开场。下面这个前言便直接以问题做开始：

近来发现我们过去并未完全理解使臭氧层变稀薄的化学作用的过程，我们可能误把氟氢碳化物当成了主要的原因。

许多读者可能觉得这个问题很惊人，有足够的动机继续读下去，但我们可以引入一个似乎平静的语境做研究的初始状态，以便我们可以破坏其平静：

环境破坏的研究增加了我们对诸如酸雨和二氧化碳堆积等许多化学作用过程的知识，让我们对它们在生物圈产生的最终作用有更清楚的理解。【稳定语境】（有道理）但近来发现我们过去并未完全理解对使臭氧层变稀薄的化学作用的过程。【语境突变】我们可能误把氟氢碳化物当成了主要的原因。【结果】

读者如今不仅有一个理由去满足自己的兴趣，实际上是两个：一个是问题，另一个则是缺少对问题的完整理解。

你的语境可以描述为一种误解：

一般人都相信，11世纪的十字军东征是由收复基督教圣地的宗教狂热所激发的。【稳定语境】事实上，如果政治并非主要动机，至少也是部分动机。

或是审视有缺陷的研究：

很少有社会学概念像天主教教义声称其具有对抗自杀的保护作用一样，快速地失去学界的青睐。这曾是社会学的基本信念之一，却因欧洲和北美的一系列研究而饱受质疑……【稳定语境】然而，某些研究仍发现宗教的作用……

或者指出对研究问题本身的一种误解：

美国的教育致力于教导小孩批判性思考，提出问题而后求证答案。【稳定语境】但批判性思考这个领域已经被狂热和特殊利益所占领。

许多缺乏经验的研究人员草率地处理共同背景，就好像重新回到一场课题讨论会一样。他们的前言由于太简略，只有参加那门课的人能听懂：

考虑到霍夫施塔特没能注意到数学、音乐、艺术之间差异，这就难怪人们对《体现心灵》的反应非常剧烈。不太清楚引发争议的原因。我主张对人类思维的解释必须是跨学科的……

当你写前言时，幻想着你是在给一个跟你一样读过相同参考文献、与你有共同兴趣的人，但他不知道你的学校究竟发生了什么事。

还有人犯另一类错误，他们以为写前言要罗列他研究本话题以来所有的参考文献。简单地纵览一下对你的研究有直接影响的文献。如果你想在一个更加广泛的语境下研究问题，你可以考虑多提及一下参考文献。

16.3 陈述你的问题

一旦你建立起稳定的语境或共同的背景，你需要用一个问题去打破那种宁静。我们说过，研究问题包含两个部分（见第 4 章）：

- 一种缺少完整知识或认识的状态
- 这种缺乏状态的后果，这是一种需要弥补的更加有意义的差距

你可以直接地陈述情况：

……Motodyne 公司没有数据显示哪些图标具有自我说明的功能。

或者你可以用间接的问题来暗示这个情况：

真正的问题是为什么这些角色总是白种人而且还都是男性？

只有在你设想有人问了那个“那又怎样”的问题，并告知他这种有缺陷的理解的后果之后，你的研究问题才完整。你可以把后果说成是一种损失：

缺少这种数据，我们将无法决定哪些图示要重新设计。【损失】

或者可以把损失转换成收益：

有了这种数据，我们便能决定哪些图示要保留，哪些图示需要重新设计。【益处】

究竟是说损失，或是说收益，这不仅是一个风格问题。一些研究指出，眼前的损失比未来的收益更能激励读者的兴趣。我们的建议是：在提出问题时，说损失或后果；在提出解决方案时，说收益。

这是陈述问题的基本方式，现实中还有几个变种。

16.3.1 何时应该明说问题的状态?

通常情况下你要解决的问题大家都熟悉，所以问题的状态和后果也是众所周知的：DNA 对人格作用；莎士比亚的外语知识。同样，在数学和自然科学领域，许多研究问题是众所周知的，所以仅说明状况就足以使人想起问题的后果。这里是克利克与瓦特逊有关双螺旋结构 DNA 的前言（缩减版）：

> 我们想提出一种脱氧核糖核酸 (D.N.A.) 盐的结构。该结构有新奇的特征，具有相当大的生物学意义。鲍林和科里已经提出了一种核酸结构。他们好心地把他们的手稿在出版前提供给我们。他们的模型由纤维轴附近三个相互缠绕的磷酸盐链组成，碱基在轴的外面。我们认为，这一结构是不令人满意的……

他们只需“提出”DNA 的结构就行了，因为他们知道大家都想知道 DNA 是什么（注意，他们确实指出鲍林和科里模式有错误）。

在自然科学和多数社会学科中，研究人员讨论的问题都是他们的读者所熟悉的。在这种情况下，你或许觉得不必言明问题。但读者可能不知道你要解决哪个具体的知识欠缺问题，这需要你告诉他们。

在人文等社会科学领域，研究人员提出的问题往往是他们自己找到的，或是自己发明的，这些问题让读者感到新奇，有些还令人震惊。在这种情况下，你必须明确描述你希望解决的知识不足或认识缺陷问题。

16.3.2 是否该明说问题的后果或好处?

为了说服读者认真对待你提出的问题，你必须明确地指出，如果这个问题不解决，读者就要遭受损失，可能的好处也得不到。在某些情况下，你可以说你的研究将能帮助读者避免损失。（见 4.1）：

> 去年大河市当局认为该市将因港边开发计划并入税基而获益。然而，此论证几乎缺少经济分析的根据。如果委员会投票决定此合并案却不了解合并将为该市带来什么损失，委员会即可能让大河市原已恶化的财务雪上加霜。如果把扩建学校与下水道和自来水服务一同列入市政法规的额外负担纳入分析，这个合并案将不如委员会所预期的有利。

这是那种能启发应用研究的问题。如果忽视这类问题（不针对问题进行经济分析），就会导致严重的后果（高额损失）。

在纯研究中也有类似的问题，但你分析问题的后果不能用钱做尺度，而要说可能导致的错误认识，或可能带来的更好的认识：

> 自 1972 年以来，美国城市合并邻近高消费地区以维持税基的做法，通常会带来令人失望的经济效益。如果事先进行基本的经济分析，那结果就是可以预测的。合并运动是一项案例研究，此项研究显示地方的政治决策为何没能运用专业信息，令人困惑的是为何市政当局没有寻求专家协助来发现问题。假如我们可以了解城市当局无法运用基本经济分析的原因，我们或许也能理解他们在其他方面的决策为何往往归于失败。本文分析了三个城市在没有考虑到经济后果的情况下决定合并周围区域的决策过程。

16.3.3 检验条件和后果

在第 4 章中，我们谈到你告诉读者如昊不能解决问题可能的后果，你的问题陈述是否清晰，我们提出了一种检验办法：在指出读者不了解问题或缺乏认识之后，设问道，“那又怎样？”

Motodyne 公司对目前的图示套件虽已有三年的经验，但仍然缺少关于自我解释图标的数据。（那又如何？）因为缺乏这类数据，所以无法决定哪些图示要保留或重新设计。

亚拉莫战役的相关故事在墨西哥和美国有不同的版本，但即使是美国版本在不同年代也有差异，（那又如何？）那么，嗯……

回答“那又怎样”这个问题，可能会令人生气，甚至令人沮丧。如果你爱上了亚拉莫战役的故事，可以通过研究它来获得心灵满足，除了你自己，你无须向任何人辩护你的爱好：我只是想了解它。但对于其他要评价你的研究者而言，必须让他们“接受”研究的重要意义。否则，他们为什么要将时间耗费在你的问题上？

为了说服读者对你的研究工作感兴趣，你必须说明你的问题就是他们的问题——只不过他们目前还不知道而已。你必须说服他们，如果他们仍然不愿改变认识，比方说仍然不觉得如果好莱坞不把阿拉莫故事变成神话，那么他们就无法理解美国的大事。可以肯定，有些读者仍然会问，“那又怎样？我不在乎美国的大事。”对此，你也只能耸耸肩，寻思这次遇到的读者不对。研究人员要想成功，必须知道如何发现并解决有趣的问题，不仅如此，他们还知道怎样找到（或创造出）对他们的研究问题感兴趣的读者。

如果你认定读者知道你的研究问题的后果，你或许可以不明说后果。克利克与瓦特逊就没有明说不知道 DNA 结构的后果，因为他们知道读者已经认识到如果不知道 DNA 的结构，就无法理解遗传机制（那个更为重要）。如果克利克与瓦特逊明说了后果，似乎显得多余或小看了读者。

如果你是第一次做研究工作，好老师一般不会要求你把你研究问题的后果讲得很详细，因为你可能还不知道为什么其他研究人员认为这是很重要的事。但如果你能说清楚你的研究可以增加知识、弥补认知缺陷，那就说明你朝着正确的方向迈进了一大步。当你能够展示出在比较好地理解了一个事物之后，还能更好地理解另外一个更加重要的事物时（即使这仅是对你而言），你就是向前走了更大的一步。

16.4 第3步：说明你的回应

一旦你用问题打破了读者心中语境的宁静，他们就盼望你能解决那问题，你可以采取两种方式：第一是写明你的解决方案或主要观点，第二是承诺你会稍后加以解决。读者希望在前言的最后几句中看到你的声明或承诺。

16.4.1 解决方案的要点

你可以明确地在前言的末尾写明你的主要观点/解决方案：

由于我们已经研究了环境破坏的情况，所以我们改善了对诸如酸雨和二氧化碳堆积等许多化学反应过程的理解，这使得我们对它们在生物圈产生的最终作用有更清楚的理解。【稳定语境】（有道理）但近来发现，我们过去并未完全理解使臭氧层变稀薄的化学作用的过程。【状态】（那又怎样？）我们过去可能误把氟氢碳化物当成主要的原因。【结果】我们已经发现碳的结合……【解决方案的要点/要点】

16.4.2 承诺提供一个解决方案

另一种方式是我们延后说明我们的主要观点，而在前言的末尾指出你的研究方向，暗示你在论文的结论中会提出解决方案。这种方式等于为读者提供了一个出发点，暗示这篇论文的主要观点在后面。

当我们研究的环境所受的威胁后，我们的理解……改善了……但最近发现这一化学过程……其实我们知之甚少……（那又怎样，指出问题）我们也许过去错误地把氢氟碳化物认为是主要原因。（你发现了什么？）在这份报告中，我们描述了一种出乎意料的化学键接过程……【告诉读者要点在后面】

这篇前言没有提供其主要观点，就把我们送入了论文，但承诺未来会提供。

前言中的承诺可大可小，最小的是仅是宣布要讨论一个不明确的话题：

这项研究的目标是臭氧的消失过程。

如果你打算把主要观点留在论文的最后，这等于你在请读者相信你在未来要给予他们回报。这种信任感是你在前言中建立起来的，因为你不仅提供给他们一个泛泛的话题，而是勾勒出了你的解决方案的轮廓，或是你论证的计划（或是两者全有）。

水力发电涡轮机的入水口和分流滤网虽有许多设计，但实地评估后并不符合成本效益。一个有力的替代方案是电脑仿真。为了评估水力发电分流筛网的水力效率，本研究将评估 Quattro、AVOC 及 Turboplex 等三个电脑模型，以确定在可靠性、速度和容易操作方面哪个模型最符合成本效益。

这类论证计划在社会学科中很常见，在人文学科中很少见，所以许多人文学科的读者会觉得语言太生硬。

16.5 快慢适度

写前言时，你必须决定何时提出你的研究问题。这取决于你的读者知道多少。在下例中，作者用一句话宣称在见多识广的工程师中间存在共识，然后马上又试图推翻这一说法：

> 挤压薄膜制动器的液膜力，通常是根据古典润滑理论的雷诺方程式而来。然而，在挤压薄膜制动器的设计中，增加转动机械的尺寸必须将流体惯性作用考虑进去。如果没有这样的考虑……

（我们不理解那些术语是什么意思，但其结构显然是：语境 + 问题。）

下面的作者还是在谈技术，但耐心地向没有技术背景的读者进行讲解：

> 在水力发电开发中保护洄游性鱼类的方法是借由阻隔涡轮机入水口来分开水流……（用 110 个字来说明阻隔）。由于阻隔效率取决于鱼类游动与水流的交互作用，我们可经由确定水力特性来评估阻隔设计……（用超过 40 个字来解释水力学）。本研究让我们更了解该技术的水力特性，而这将成为未来设计的指导方向。

不同的研究领域，其前言的快慢是不一的。如果研究的问题是读者比较熟悉的，研究人员可以在前言中快一点；在那些研究问题不为众人所熟知的领域，前言的速度比较慢。但前言的速度还有其他意义。前言比较快，你与读者是对等的关系；前言比较慢，你暗示读者比你知道得少。如果你的读者知道的比较多，你的前言速度慢，他们会觉得你知道得太少。但如果他们知道的太少，你的前言速度太快，他们会觉得你不照顾他们的需要。

16.6 前言的整体结构

当你在考虑前言结构的时候，你有多种选择，但其实情况并非像你想象的那样复杂。实际上，它们都遵守一条简单的“语法”。完整的前言分成三部分：

语境 + 问题 + 回应

并非所有前言都包含这三个部分：

- 如果问题是众所周知的，可以省略背景，直接从难题的情境开始。
- 如果问题后果是众所周知的，也可以省略。
- 如果想先不说答案，但让读者跟随你的思考走，那么你要在前言中放置一个切入点，并在结论中说明你的主要观点。

这一切听上去很公式化，但读者希望这样。当你会使用这套公式后，你可以表达很多思想。这套公式是你思考的工具。为了完整地写出语境和研究问题，你必须认真思考，考虑读者知道什么，不知道什么，特别是要考虑他们应该知道什么、为什么。

16.7 写好前言的最初几句话

许多作者觉得前言的第一二句特别难写，很容易写得艰涩。

- 不要重复任务书上的话。如果你觉得前言难写，想到什么写什么，等到了修改的时候，再重写。

● 不要用字典的定义。如果一个词很难解释，引用字典也没有用。

● 不要口气太大："最深奥的哲学家花了几个世纪的时间想解决这个重要问题……"如果你的主题是宏大的，不用你夸，读者也会有感觉。

这些失误的动机是好的：作者希望建立起与读者群的共同语境或背景。但上述情况的错误在于选错了读者群。在第一个例子中，读者群太狭窄了：仅是学生的老师。在其余的例子中，读者群太广泛了：作者要探索全人类的共同语境。为了避免这样的错误，你必须寻找途径去吸引某个具体的读者群的兴趣。

下面是前言头两句的三种标准写法。

16.7.1 以一个与研究问题有关的惊人事件做开头

那些认为通过给富人减税来刺激经济的人应该考虑这样一个事实，美国最富有的 1% 人口控制着全国三分之一的财富。

16.7.2 以一句惊人的引文做开头

不要写这样的前言，除非你用的词将会以关键词的形式出现在余下的前言中：

"真正的扬·凡·艾克的作品有一种纯粹的感性美，它散发出一种奇妙的魔力，就像宝石迷惑我们的那种魔力。"埃德温·帕诺夫斯基在此时暗示扬·凡·艾克的作品有一种奇妙的魔力。他的形象手持着一块宝石——像魔力……

16.7.3　以轶事做开头

只有那轶事跟你的话题有关，并生动地刻画了你的研究问题时才能这样开头。下面这几句开头句子，取自一篇回忆芝加哥街头社团的文章：

> 1996 年 7 月的天，在一张公园的木凳上，来自芝加哥最大的“女孩团体”黑人姐妹团结组织的辛西娅、劳里和其他几位高管一起回忆起她们努力维持这家机构、为非裔美国女人的利益代言的经历。“我们就要成功了！”辛西娅极度痛苦地说，她直直地坐在凳子上，环视周围看看有没有人听到她的话。

16.8　写结论

即使你的论文中没有一个称为“结论”的章节，你也会写一两段文字做结论。结论用于总结论证，这很重要，但除此之外，结论还提供一个你与研究社会展开对话的机会。利用这个机会，你可以提出你在研究中看到的新问题。有一点可能会使你高兴，你在写结论时可以使用你在写前言时用过的元素，但次序要相反。

16.8.1　首先是你的主要观点

在结论开始的部分陈述你的主要观点。如果你在前言中已经陈述过了，重复一遍，但要更加全面；不能一字一句重复。

16.8.2　增加新的意义或应用

在主要观点后，再说明其重要性，最好是对“那又怎样”这个问题给予一种新回答。例如，在下面的这段结论中，作者提出最高法院有关军事死刑的判决具有附加效应：

从最近最高法院驳回强制性死刑的判决来看，叛国罪的强制死刑显然是违宪的，而且必须经由国会进行修正。更重要的是，假如《军事审判法》有所改变，这将会挑战军队文化的一个基本价值：最严重的背叛处以最大的刑罚。国会必须去面对军队中什么是正义的普遍观念。

这段评论本就该在结论中写，不能在前言中写，因为它提出了论文未能触及的问题：军队应该如何应对其价值观的挑战？国会应该如何做出反应？正如在前言里，你通过说明你的问题的后果来增加问题的冲击力一样，你在结论里可以通过指出你的解决方案所具有的附加效应来增添其意义。

16.8.3 呼吁展开进一步的研究

正如你在前言中纵览研究背景一样，你在结论中可以呼吁展开进一步的研究：

初学者与专家在诊断方面的差异，清楚地界定了他们成熟与发展的起点和终点。我们知道新手和老手以不同的方式来思考，但我们不知道新手的社会经验中哪些要素促成这个发展以及如何促成。我们需要展开纵向研究，看看指导和辅导如何影响结果，看看主动讲解和批评是否能帮助新手更快地成为熟练的诊断者。

当你声称还有没做的事，这等于你仍然想跟读者进一步地对话。所以，在停笔前，幻想着有人对你的工作极为感兴趣，希望继续跟踪你的进展：他想多知道点什么？你会建议他做什么？这其实就是当初你开始做研究时在寻觅的。

小建议：标题

读者最先看到论文的标题，但你在写论文时应该最后写。没有经验的作者仅是随便选几个反映话题的词当作论文的标题。这是错误的：标题很有用，能帮助读者理解论文将会提供的东西。比较下述三个标题：

微金融

微金融和经济发展

微金融作为一种经济发展策略：实现其潜力可提高妇女地位

你需要把你的主要观点中的关键词放入论文的标题中，以及你从头到尾认真阅读论文时圈定的那些关键词（见 6.6.1，8.2.1，12.1.1，12.3.2，13.4）。当读者看到这些词再次出现在你的主要观点和论文正文中的时候，他们会觉得你的论文满足了他们的期待（标题可以占据两行的空间，这样你可以多放一些关键词。在第一行标题之后加冒号，引出更加具体的第二行标题）。

第 17 章　修改风格

清晰地讲出你的故事

前几章的重点是论证和论文的结构。本章教你如何修改句子，使得读者认为你的句子既清楚又坦率。

读者只有在理解了你的论证之后，才能接受你的观点，但如果他们不理解你的句子，就无法理解你的论证。一旦你把论文修改得有条有理了，接下来就需要花时间把论文中的句子修改得比较容易理解。当然，越复杂的论文，越难做到这一点。此刻，熟悉的问题又来了：仅靠阅读句子，你无法判断哪些句子需要修改。由于句子是你写的，你知道句子的含义，所以判断是否修改的准则是要看句子是否表达了你的意思。你觉得好懂的句子，读者可能并不这样觉得。所以，为了确保读者能清楚地读懂你的文字，你需要一种能识别难懂句子的方法。

17.1 判断风格

如果必须从下面三种风格的文章中选择一个，你会选择哪一个？

1a. Conventional management practice assumes that interaction and collaboration enhance organizational performance by improving employee creativity and productivity. But unless collaboration is punctuated by isolation, and unless workspace configurations provide isolation opportunities, erosion rather than enhancement of organizational effectiveness may result.

1a. 传统的管理方法认为，员工之间的交流和协作可以改善员工的创造性和生产率，从而提高机构的效绩。但除非协作中留有独立工作的时间段，并且工作场所的安排提供独立工作的条件，否则机构的效率不会提高，反而会降低。

1b. Managers want the people who work for them to interact and collaborate. When they do this, they become more creative and productive. The organization then performs better. But people also need opportunities to work alone, and workplaces need to provide these opportunities. Otherwise, the organization may become less effective.

1b. 经理们要求手下员工相互交流，携手工作。当员工这样做时，他们变得更加富有创造性，生产效率也提高了。机构的效绩也会提高。但员工也需要独立工作的机会，这是工作场所需要提供的。否则，机构的效率就会降低。

1c. Managers conventionally assume that when employees interact and collaborate, they become more creative and productive, thus leading the whole organization to perform better. But unless employees also have opportunities to work alone, and unless workspaces are configured to provide them, the organization may become less rather than more effective.

1c. 经理们总是假定当员工展开互动协作时，他们就会变得更加富于创造性，提高生产率，导致整个机构表现得更好。但除非员工有机会独立工作，且工作场所为此进行布置，否则机构的效率也许会变低，而不是更高。

很少有读者选择（1a）：读起来沉重、抽象、难理解。有一些读者选择（1b），但读起来缺少思想，感觉像是成人在对孩子说话。大多数人选择（1c），读起来像同事之间的对话。如今学术界有一个最不好的写作习惯，那便是太多的研究人员写（1a）那样的句子。

少数研究人员偏爱（1a），他们声称思想性强的论文就需要读起来沉重。他们认为，如果为了使复杂的概念变得清晰，便会牺牲语言的细致性，换来的仅是浅薄的理解。如果读者读不懂，很不幸，他们应该更加努力地去读。

或许，任何一个读过像康德、黑格尔那样的哲学家著作的人都感到他们的散文风格很难懂，至少第一遍读如此。但大师的著作是值得费力去读的。问题是我们中很少有人像康德和黑格尔那样思考。如果我们花费很多时间把论文写得很沉重，这其实并不能反映出我们的才华，反而反映出我们不愿为读者考虑的懒惰。如果说复杂的思想确实需要复杂的风格（其实并非如此），把每句话都重新思考一下如何写得更好肯定是有益的（实话实说，如果康德和黑格尔当时有一个好编辑肯定会获益的）。

有些作者为避免写复杂句子又犯了太简化的毛病，他们的句子就像（1b）中的一样。但我们不认为你们中的大多数有这样的问题，你们应该能写正确的词法和句法（如果你们有这样的问题，请找老师帮助）。我们在这里要讨论的问题是太“学术化”的写作风格。虽然晦涩的文章不好，但没有思想的文章一样不好。

对那些刚进入艰深研究领域的人来说，他们容易写得晦涩。首先，我们中任何人遇到新的复杂思想时，我们理解起来就会感到困难，这时动笔写出来的东西通常就不太清晰。这样的问题，最有经验的研究人员也会遇到。

对研究新手来说，还有另外一个问题，他们觉得复杂的写作风格显得有学问，所以他们模仿学究气十足的文章。我们要避免犯这样的错误。

17.2 写得清晰首先要遵守的两大原则

17.2.1 区分印象和产生印象的原因

如果我们问你如何比较（1a）和（1c）这两种风格，你可能会说，（1a）用词不清楚、冗长、沉重；（1c）用词清楚、简洁、直接。但你的评论并非反映了那两段文字中句子的差异，而是你阅读那两段文字所获感受的差异。如果你说（1a）沉重，你的意思是你在读那段文字时感到困难；如果你说（1c）清晰，你的意思是你觉得那段文字容易理解。

谈自己的阅读印象没有错，但这并不能帮助你找到（1a）那段文字中的问题，因为你没有解释清楚你为什么会有那样的感受。为此，你要想一想，为什么一个句子会使你感到困惑。更为重要的是你必须知道如何修改你写的句子，使之不仅对你而言是清楚的，还能让读者也感到清楚。

有几条原则帮助你区分（1a）的复杂性和（1c）的清晰性。这些原则的重点是考察句子的头尾两个部分：句子最初的六七个词和最后的四五个词。把这些词判断好，剩下的就比较容易对付了。为了利用这些原则，你必须理解5个语法术语：简单主语、完整主语、动词、名词和分句（如果你没有用过这些术语，你需要复习一下）。

这点很重要：在写新句子的时候，不要用这些原则，因为写草稿时用这些原则，容易干扰你的写作。这些原则是供你在修改草稿时使用的。

17.2.2 主语和角色

第一个原则或许使你想起你学语法的日子。句子的核心是主语和动词。在学语法时，你学到过，主语是“动作的施加者”。但实际情况并非永远如此，主语有时是其他成分，甚至是动作。请比较下面两句（主语有下划线）：

2a. Locke frequently repeated himself because he did not trust the power of words to name things accurately.

2a. 洛克通常重复他所说的话，因为他不相信单词有正确指代的能力。

2b. The reason for Locke's frequent repetition lies in his distrust of the accuracy of the naming power of words.

2b. 洛克经常重复的原因是他不相信单词的指代准确性。

（2a）的两个主语是洛克和他，这符合语法的要求：两者都是动作的施加者。但（2b）的主语是"原因"，它不是动作施加者，因为原因不做任何事。动作的施加者仍然是洛克。

为了利用这些基本的语法定义，我们需要不仅思考句子的语法（主语和动词），还要考虑句子的故事——动作的施加者和动作。下面是雨林和生物圈的故事：

3a. If rain forests are stripped to serve short-term economic interests, the earth's biosphere may be damaged.

3a. 如果雨林被砍伐，借以获得短期经济利益，地球的生物圈可能会被破坏。

3b. The stripping of rain forests in the service of short-term economic interests could result in damage to the earth's biosphere.

3b. 为换取短期经济利益而砍伐雨林，可能导致损害地球的生物圈。

（3a）的主语比较清楚，是"雨林"。相比较，（3b）的主语比较长，因为它是一个复合词组。

3a. If rain forests $_{subject}$ are stripped $_{verb}$… the earth's biosphere $_{subject}$ may be damaged.$_{verb}$

3a. 如果雨林[主语]被砍伐[动词]，……地球的生物圈[主语]可能会被破坏。[动词]

句子的主语用简洁的词汇指出了故事中的角色：雨林、地球的生物圈。比较（3b）：

3b. The stripping of rain forests in the service of short-term economic interests $_{subject}$ could result $_{verb}$ in damage to the earth's biosphere.

3b. 为换取短期经济利益而砍伐雨林[主语]，可能导致[动词]损害地球的生物圈。

（3b）的主语不是一个具体的角色，而是一个动作；它是一个抽象词组，是句子的完整主语：为换取短期经济利益而砍伐雨林。

如今我们能看出为什么语法学校的定义对语言理论是坏的，但对写作是好的。写句子意思清晰的第一个原则是：

读者判定你的句子清晰、合理的条件是你句子中的主语是你的故事中的主角。当你这样写时，你的主语是短的、具体的。

17.2.3 动词、名词、动作

清晰与不清晰有第二个差别：表达关键行动的方式不同（动词和名词都可以表达动作）。例如，举例来说，请看（2）和（3）两个句子（指定动作的字用粗黑体；动词的动作加下划线，名词的动作加双下划线）。

2a. Locke frequently repeated himself because he did not trust the power of words to name things accurately.

2a. 洛克通常重复他所说的话，因为他不相信单词能正确地指代。

2b. The reason for Locke's frequent repetition lies in his distrust of the accuracy of the naming power of words.

2b. 洛克经常重复的原因是他不相信单词的指代的准确性。

3a. If rain forests are stripped to serve short-term economic interests, the earth's biosphere may be damaged.

3a. 如果雨林被砍伐，借以获得短期经济利益，地球的生物圈可能会被破坏。

3b. The stripping of rain forests in the service of short-term economic interests could result in damage to the earth's biosphere.

3b. 为换取短期经济利益而砍伐雨林，可能导致损害地球的生物圈。

（2a）（3a）的表达比（2b）（3b）清楚，因为它们的主语都是角色，而且句子里的动作都以动词表达，而非名词。

将动词（或形容词）转换成名词有个专用术语：我们将它名词化（we nominalize it）。当我们把动词“nominalize”名词化时（nominalize the verb nominalize），我们就创造了“nominalization”这个名词化的词。大部分名词化的字通常都以 -tion、-ness、-ment、-ence 结尾，但有些拼写起来则像是动词：

动词	名词化	形容词	名词化
决定（decide）	决定（decision）	精确的（precise）	精确（precision）
失败（fail）	失败（failure）	经常的（frequent）	频繁（frequency）
抗拒（resist）	抗拒（resistance）	聪明的（intelligent）	聪明（intelligence）
延迟（delay）	延迟（delay）	特定的（specific）	特定性（specificity）

我们将在 17.4 中讨论被动语态动词形式，比如被砍伐、被伤害。

当你不用动词表示动作，而是用名词时，你也会用冠词和介词搅乱整个句子。比较（4a）和（4b）便一目了然了。

4a. Having standardized indices for measuring mood disorders, we now can quantify patients' responses to different treatments.

4a. 利用测量情绪障碍标准化的指标，我们现在可以量化患者对不同治疗的反应。

4b. The standardization **of** indices **for the** measurement **of** mood disorders has now made possible **the** quantification **of** patient response **as a** function **of** treatment differences.

4b. 衡量心境障碍指数的标准化，可以把病人反应量化为治疗差异的函数。

（4b）变得复杂了，因为动词被转化为名词。

当你把形容词和动词转化为名词时，它使得句子在两个方面变得复杂化了：

- 你不得不增加一些不太具体的动词。（4b）中的动词就不如（4a）中的动词具体。
- 你很可能要用故事中的角色来修饰名词，角色可能会失去原有的作用。

所以，我们有下述两个可用于清晰写作的原则：

- 关键动作用动词表示。
- 让故事的主角担任句子的主语；主语要短，要具体、明确。

17.2.4 诊断和修改

考虑到读者评判句子的方式，我们可以提供几种用于诊断和修改的方法。

诊断：

1. 在句子开头、中间或结尾的每个从句（无论是主要从句或从属从句），最前面的六七个字之下加下划线。

2. 进行两项测试

   - 下划线的主语是否是具体的角色，而非抽象的概念？
   - 下划线的动词是否是具体的行动，而非抽象动作（比如：做、干、是）？

3. 如果句子没有通过测试，你或许应该改写它。

修改：

1. 找到你的故事中的角色。如果找不到，你要创造出来。

2. 找到这些角色在干什么。如果他的行动是用名词表达的，换成动词。

3. 安排几个分句，分句的主语应该是你的角色，他们的动作用动词来表达。

你可能必须重新改写一些像“如果 X，则 Y”“因为 X……，所以 Y”“虽然 X，但 Y”“当 X，则 Y”（When X，then Y）之类的句型。

这是把笨拙的文字修改得比较清晰最简单的办法。下面，我们讨论比较复杂的情况。

17.2.5 谁或什么能成为角色

你或许好奇，为什么我们称“雨林”和“地球的生物圈”是“角色”，而在通常意义上我们认为角色是有血有肉的真人。为了写作的方便，任何在一系列句子中有许多动作可做的主语就是一个角色。这意味着我们讲的故事里的许多东西都能成为角色，不仅雨林可以，甚至抽象的概念“精神失常”都可以。在你的研究中，你可能讲各式各样的故事，比如人口变迁的故事、社会迁徙的故事、等温线的故事、基因库的故事。

有时你需要做出选择：经济学论文可能讲述一个有关真人的故事，也可以讲一个虚拟人的故事，比如消费者或美联储，或者还可以讲它们之间的故事，比如储蓄和货币政策。但你要注意，你仍然可以让这些抽象的角色施加动作：

5a. When consumers **save** more, the Federal Reserve **changes** its monetary policy to influence how banks **lend** money.

5a. 当消费者**储蓄**更多钱时，美联储就要**改变**货币政策，对银行如何**放款**产生影响。

5b. When consumer **savings** **rise**, Federal Reserve monetary policy **adapts** to **influence** bank **lending** practices.

5b. 当消费者的**储蓄增加**时，美联储的货币政策需要**调整**，目的是**影响**银行**放款**活动。

一段文字可以写真人，或真人之间的抽象关系：银行与放款活动，储户与微观经济，分析师与预测。虽然所有事物都可以做角色，但读者偏向具体事物，最好是有血有肉的人。

不过，专家们喜欢讲有关抽象事物的故事（黑体字；主语下划线）。

6. Standardized indices to measure **mood disorders** help us quantify how **patients** respond to different **treatments**. These **measurements** suggest that **treatments** requiring long-term **hospitalization** are no more effective than outpatient **care** for most patients.

6. 测量**心境障碍**的标准指数帮助我们量化病人对不同**治疗**的反应。这些**测量**指出，对大多数患者来说，长期**住院**的**治疗**并不比门诊**护理**更有效。

这两个句子中有几个抽象的名词，如果目标读者熟悉它们的话，就不必进行修改。

从某种意义上来说，这个例子违背了我们避免使用名词化字词的建议，因为动作的施主是抽象名词。你必须选择更改哪些，作为名词保留哪些。例如，（6）里面的抽象名词与（7a）里面的抽象名词用法一样。

7a. The **hospitalization** of patients without appropriate **treatment** results in the unreliable **measurement** of outcomes.

7a. 没有接受适当**治疗**的患者的**住院**，会导致**测量**结果不可靠。

但如果我们选择具体一点的角色做主语，情况会好一点。

7b. We cannot **measure** outcomes reliably when **patients are hospitalized** but not **treated** appropriately.

7b. 如果我们**让患者住院**但却没有适当地**治疗**他们的话，我们便无法可靠地**测量**结果。

所以，我们这里提供的并不是写作的铁律，而是你必须审慎应用的一种诊断与修改的原则。然而，一般来说读者喜欢的是主语简短的、明确的、具体的，这通常是指有血有肉的角色。

17.2.6 避免过度抽象

当你的句子主语和主角色是抽象名词，又在它们的周围附加了很多抽象概念的时候，你就给读者制造了一个极大的难题。下面是一段有关两个抽象角色“民主”和“制度化”的文字。不过，这段文字仍然可以说是清晰的，至少对目标读者来说，因为作者的重点是主语中的角色，并且避免增加更多的抽象概念，特别是没有增加名词化（主角是斜体；整体主语是下划线；动词是黑体）：

8a. We **expect** that *older democracies* **will benefit** from greater *institutionalization* in the political sphere. Although *political institutionalization* **is** difficult to define, there **seems** to be general consensus that procedures in a well–institutionalized polity **are** functionally **differentiated**, **regularized** (and hence predictable), **professionalized** (including meritocratic methods of recruitment and promotion), **rationalized** (explicable, rule based, and non–arbitrary), and **infused** with value. Most long–standing *democracies* **fit** this description.

8a. 我们**希望***比较古老的民主制度***受益于**在政治领域里展开的更加伟大的*制度化进程*。虽然*政治制度化*很难定义，但这里**似乎存在一种**普遍共识，组织良好的政体的规章制度在功能上有**清晰的划分**，**有规章制度**（可预测性好），**专业化的**（任人唯贤的招聘和晋升方法），**合理化的**（可解释的，基于规则的，不随便的），**具备**价值体系。长期存在的*民主国家*都**符合**这一描述。

请注意，当句子的主角转移位置，抽象的名词变成主角后，句子就变得不太好理解了。

8b. Our **expectation** is that greater institutionalization in the political sphere will be of **benefit** to older democracies. Although **definition** of political *institutionalization* is difficult, there seems to be general consensus that **functional differentiation, regularization** (and hence predictable), **professionalization** (including meritocratic methods of recruitment and promotion), **rationalization** (explicable, rule based, and non–arbitrary), and the **infusion** of value are characteristic of procedures in a well–institutionalized polity. This description is a **fit** for most long–standing *democracies*.

8b. 我们的**期待**是在政治领域更大规模的制度化将使古老的民主制度**受益**。虽然给政治制度化**下定义**很难，但这里似乎存在一种普遍共识，**功能区分化**、**正规化**（所以可测性好）、**职业化**（包括任人唯贤的招聘和晋升方法）、**合理化**（可解释的，基于规则的，不随便的）、**价值化**是制度完善的政体的程序特征。这一描述**符合**大多数长期存在的民主国家。

我们并不建议你把每一个抽象名字变成一个动词。这篇有关民主国家和制度化的故事很难转化为一个有关有血有肉真人的故事（你不信，可以试试看）。如果你的主角只能是抽象概念，你也只能使用它们。但你可以尽量少用抽象概念。困难的是你很难决定哪一个抽象概念你需要，哪一个不需要（通常比你预想的要少）。想要具备这样的判断力，你只能靠实践，靠听取他人的批评意见。

17.2.7 创造主角

虽然有了原则，但情况仍然比较复杂。如果你的句子的主语就是主要的行动者，句子是好理解的。但大多数故事中有多个角色，这时你只能从中选择一个做句子的主语。再来看那个雨林的例子：

9. If rain forests are stripped to serve short-term economic interests, the earth's biosphere may be damaged.

9. 如果雨林持续被砍伐以满足短期经济利益，地球的生物圈可能会受到危害。

这个句子中并没有给出真正的主角：谁在砍伐雨林？如果指出谁在砍伐雨林是重要的，你的句子就要明确地指出他们是谁？

9a. If developers strip rain forests to serve short-term economic interests, they may damage the earth's biosphere.

9a. 如果开发者持续砍伐雨林以满足短期经济利益，他们可能危害到地球的生物圈。

9b. If loggers strip rain forests to serve short-term economic interests, they may damage the earth's biosphere.

9b. 如果伐木工持续砍伐雨林以满足短期经济利益，他们可能危害到地球的生物圈。

9c. If Brazil strips its rain forests to serve short-term economic interests, it may damage the earth's biosphere.

9c. 如果巴西持续砍伐雨林以满足短期经济利益，它可能危害到地球的生物圈。

哪一句最好呢？这取决于你想让读者怎样感受这个故事。当你修改句子时，如果有可能，把主角放在主语位置，动作是动词。但你要确保主角是你句子中的核心角色。

17.3 第三个原则：先旧后新

第三个有关阅读和修改句子的原则比前两个更为重要。但要注意这三个原则其实是有关联的。比较下例中的（a）和（b）。哪一个版本更加清晰？为什么？（提示：看句首，这次不是看主角是否是主语，而是看句首是否是读者熟悉的，或是否包含读者不知道的新信息。）

10a. Because the naming power of words was distrusted by Locke, he repeated himself often. Seventeenth-century theories of language, especially Wilkins's scheme for a universal language involving the creation of countless symbols for countless meanings, had centered on this naming power. A new era in the study of language that focused on the ambiguous relationship between sense and reference begins with Locke's distrust.

10a. 因为字词的指代能力并不被洛克信任，所以他经常重复他说过的话。17 世纪的语言理论，特别是威尔金斯有关创造无数符号以表达无数意义的普世语言模式，便是以这个命名规则为中心的。一个致力于意义与指代之间模糊关系的语言研究新时代就是从洛克的怀疑开始的。

10b. Locke often repeated himself because he distrusted the naming power of words. This naming power had been central to seventeenthcentury theories of language, especially Wilkins's scheme for a universal language involving the creation of countless symbols for countless meanings. Locke's distrust begins a new era in the study of language, one that focused on the ambiguous relationship between sense and reference.

10b. 洛克因为怀疑文字的指代能力而经常重复他说过的话。这个指代能力一向是 17 世纪语言理论的核心，尤其是威尔金斯有关创造无数符号以表达无数意义的普世语言理论。洛克的怀疑开启了一个语言研究的新时代，它致力于研究意义与指代之间的模糊关系。

大部分的读者比较喜欢（10b）。他们不会说（10a）过于复杂或夸张，但会觉得它看起来既不连贯也不流畅，因为它仅描绘了感受，没有说明真相。

如果我们再次运用“前六七个字”的检验方法，我们便能解释是什么造成了这些印象。在不连贯的（a）里，其句子的开头与（b）并不相同。（10a）的句子以一个读者并不熟悉的信息开头：

文字的指代能力；

17 世纪的语言理论；

语言研究的新时代。

相对地，（10b）的句子以读者比较熟悉的信息开头：

洛克；

指代能力；

洛克的怀疑（一个抽象名词，因为重复了先前语句的某些内容而很有用）。

（10a）每一句的开头都让人无法预见，所以我们很难理解整个段落的“话题”。而（10b）每一句的开头都能使读者想起前一句中的意思。

这样读者比较容易理解：每一句开头的文字或概念是他们熟悉的，或是从语境中得来的。根据这条原则，我们可以推论出以下的诊断与修改方法：

诊断：

1. 用下划线标识出每个句子的前六七个词。

2. 判断标识出的词是否为读者所熟悉，是否好理解（通常是从前使用过的词）？

3. 如果不是，做修改。

修改：

1. 使句首的六七个词涉及熟悉的信息，通常就是你曾提及过的（有关你的主角）。

2. 在句末放置读者意想不到的信息，或复杂而比较难理解的信息。

这个新－旧信息原则与有关主角和主语的原则是相辅相成的，因为主角通常是读者知道的（你在前一句的末尾一般要介绍将要上场的主角）。但如果你只能在句首做选择时，你必须遵循先旧后新的原则。

17.4 在主动和被动语态之间做选择

你或许已经注意到了，有些比较清晰的句子是被动语态。这似乎跟英语老师的建议相反。如果盲目遵守老师的建议，你写的句子会变得更不清晰。不要太关注句子是主动或被动，问一个更加简单的问题：句首是读者熟悉的信息吗？可不可以换成主角？如果你把读者熟悉的角色放置在主语位置，你自然就会正确地使用主动语态或被动语态了。

例如，在下面的两段文字中，哪一段更加流畅？

11a. The quality of our air and even the climate of the world depend on healthy rain forests in Asia, Africa, and South America. But the increasing demand for more land for agricultural use and for wood products for construction worldwide now threatens these forests with destruction.

11a. 空气质量，甚至是世界气候，取决于亚洲、非洲、南美的雨林是否健康。但农业用地的需求在增加，世界建筑需要更多的木材生产，如今这些需求的增长给雨林带来破坏性的威胁。

11b. The quality of our air and even the climate of the world depend on healthy rain forests in Asia, Africa, and South America. But these rain forests are now threatened with destruction by the increasing demand for more land for agricultural use and for wood products used in construction worldwide.

11b. 空气质量，甚至是世界气候，取决于亚洲、非洲、南美的雨林是否健康。但这些雨林如今受到了农业用地需求增长和世界建筑所需的木材生产增长的威胁。

大多数人觉得 (11b) 比较流畅。为什么？请注意，(11b) 第二句开始挑选的主角是第一句在句尾引入的。

11b.… rain forests in Asia, Africa, and South America. But these rain forests…

11b……亚洲、非洲、南美的雨林……但这些雨林……

(11a) 第二句的开始是崭新的，与第一句没有联系：

11a.… rain forests in Asia, Africa, and South America. But the increasing demand for…

11a……亚洲、非洲、南美的雨林。但农业用地的需求……

换句话说，被动语态使我们能够把读者比较熟悉的信息从句子的后面提到最前面，这是正确的。被动语态的主要功能是：用前面出现过的旧信息造句。如果我们不能正确使用被动语态，句子的流畅性就会变差。

在英语课上，学生被告知应该只用主动语态，但是在工程学、自然科学及一些社会科学领域里，情况正好相反。老师要求学生写被动语态，认为这样比较客观。大多数这样的建议同样具有误导性。比较下面的被动语态（12a）与主动语态（12b）：

12a. Eye movements **were measured** at tenth-of-second intervals.

12a. 眼球运动**被测量**间隔是十分之一秒。

12b. We **measured** eye movements at tenth-of-second intervals.

12b. 我们**测量**眼球运动的间隔是十分之一秒。

这两句话都很客观，但所讲的故事有差别：一个是眼球运动，另一个是测量人，他可能就是作者。第一句被认为是比较“客观的”，因为没有提及测量人，重点是眼球运动。但避免用“我”或“我们”并不能让写作变得更具“客观性”。实际上，故事的侧重点改变了。

事实上，被动语态的问题还有更加复杂的一面。当科学家用被动语态描述一个过程时，他暗示这个过程可以被其他人重复。在这种情况下，选择被动语态是正确的，因为任何人想重复这项研究，必须测量眼球运动。

另一方面，考虑下面的一对句子：

13a. It **can be concluded** that the fluctuations result from the Burnes effect.

13a. 这**可以得出结论**，气候变动是由波恩斯效应所导致的。

13b. We **conclude** that the fluctuations result from the Burnes effect.

13b. 我们**得出结论**，气候变动是由波恩斯效应所导致的。

（13b）的主动语态在科学领域不但很常见，而且颇为恰当。这两句的差别是什么？这与动词所指定的动作种类有关。当作者指的是他们在实验室执行而其他人也能重复的动作，像是测量、记录及合并等等时，被动语态是恰当的。但如果作者指的是只有他们才有资格执行的，不仅诸如建议、证明、主张、表明这类的言语上的动作，还涉及诸如实验设计、求解问题、证明结果这类的真正科学家干的工作。每个人都能做测量，但只有论文作者或研究人员才有资格宣布他们的研究意义。

科学家一般在文章的开头用主动语态，在那里，他们描绘他们是怎样发现问题的。在文章结尾，他们描述如何解决了问题。在此之间，当他们描述谁都可以做的事情时，他们一般用被动语态。

17.5 最后的原则：复杂的放在最后

我们在前面的重点是如何写句首，现在我们要把重点放在如何写句尾。你其实可以猜出写句尾的原则：如果读者熟悉的信息放在句首，那么比较新的、复杂的信息就要放在句尾了。这个原则在下面三种语境里特别重要：

- 当你引入新的专业术语
- 当你讲解冗长而复杂的信息
- 当你引入后面要展开的概念

17.5.1 引入新的专业术语

当要向读者介绍他们可能不熟悉的专业术语时，你要把它写在句子的末尾。比较下面两个例子：

14a. The monoamine hypothesis has been the leading biological account of depression for over three decades. According to this hypothesis, deficits in monoamines including dopamine, epinephrine, norepinephrine, and serotonin are associated with depression. Monoamine concentrations in neural synapses are regulated in different ways by different types of antidepressants.

14a. 单胺假说是30多年来抑郁症的主要生物学原因。根据这一假设，在单胺中包括多巴胺、肾上腺素、去甲肾上腺素和血清素的缺乏与抑郁症有关。不同类型的抗抑郁药以不同的方式调节神经突触中的单胺浓度。

14b. For over three decades, the leading biological account of depression has been the monoamine hypothesis. According to this hypothesis, depression is associated with deficits in neurotransmitters called monoamines, including dopamine, epinephrine, norepinephrine, and serotonin. Different types of antidepressants work in different ways to regulate concentrations of monoamines in neural synapses.

14b. 在过去30年中，抑郁症的主要生物学解释一直是单胺假说。根据这一假设，抑郁症患者神经递质与单胺类神经递质的缺乏有关，包括多巴胺、肾上腺素、去甲肾上腺素、5-羟色胺。不同类型的抗抑郁药物以不同的方式调节神经突触中的单胺浓度。

在（14a）中，技术术语出现得早；在（14b）中，这些术语出现在句末。

17.5.2 介绍复杂信息

把表达复杂的思想所需的长词组或子句放在句尾，不要放在句首。再比较（11a）和（11b）。

11a. The quality of our air and even the climate of the world depend on healthy rain forests in Asia, Africa, and South America. But the increasing demand for more land for agricultural use and for wood products for construction worldwide now threatens these forests with destruction.

11a. 空气质量，甚至是世界气候，取决于亚洲、非洲、南美的雨林是否健康。但农业用地的需求在增加，世界建筑需要更多的木材生产，如今这些需求的增长给雨林带来破坏性的威胁。

11b. The quality of our air and even the climate of the world depend on healthy rain forests in Asia, Africa, and South America. But these rain forests are now threatened with destruction by the increasing demand for more land for agricultural use and for wood products used in construction worldwide.

11b. 空气质量，甚至是世界气候，取决于亚洲、非洲、南美的雨林是否健康。但这些雨林如今受到了农业用地需求增长和世界建筑所需的木材生产增长的威胁。

（11a）的第二句开始于一个长长的短语，读者需要的阅读时间更长。相反，（11b）第二句的句首是雨林，很短，很容易阅读。利用被动语态可以把短的、熟悉的信息转移到句首，长的、复杂的转移到句末。

简言之，句首不要写复杂的信息，放到句尾去。不幸的是，这并不容易做到，因为你熟悉的或许并非是你的读者也熟悉的。

17.5.3 如何引导下文

当你写一个段落时，你把那些要出现在段落中的关键词放置在段落第一或第二句的末尾。在下面两句中，哪句引导下文比较好？

15a. The political situation changed, because disputes over succession to the throne plagued seven of the eight reigns of the Romanov line after Peter the Great.

15a. 政治局势改变了，因为继承权问题折磨着彼得大帝之后罗曼诺夫王朝的七位君主。

15b. The political situation changed, because after Peter the Great seven of the eight reigns of the Romanov line were plagued by turmoil over disputed succession to the throne.

15b. 政治局势改变了，因为在彼得大帝之后，罗曼诺夫王朝的七位君主遭受到继承权引发的混乱的折磨。

困境开始于1722年，当时彼得大帝通过一项终止世袭的法案，并要求君主指派一个继位者。但因包括彼得在内的许多沙皇在任命继位者之前就已身故，那些渴望当统治者的人并未通过任命的过程获得威信，因而他们的继位就经常被等级较低的贵族质疑。甚至当继位者被指定后仍有骚乱发生。

大多数读者觉得（15b）前后搭配比较密切。（15a）最后几个字似乎对后面的段落不重要（或许在另一种语境下是重要的）。

因此，当你检查每个句子的前六七个字后，也顺便检查最后五六个字。如果这些词并不是最重要的、最复杂的、最有分量的，就将它们修改为那样。特别要检查一下起引导作用的句子的句尾是否如此。

17.6 注意事项

我们谈了研究论文的句子风格，还谈了诊断和修改的原则，谈这些的目的是让论文更容易被理解。写论文还有其他原则——句子的长短、选词、简洁性等等。这些原则对各种类型的写作都有用，有许多书籍谈论它们。当然，仅有可读性是不够的。在你修改完句子的风格后，你仍然需要检查语法、拼写、标点符号。然后，你还要确保数字的格式、命名、外国语等等也符合要求。这些问题都很重要，但不在本书的范围之内。

小建议：最快速的修改策略

我们有关如何修改论文的建议可能看起来过于细致，但如果你循序渐进地修改，并不难。第一步是最重要的：在你写草稿时，千万不要去想这些修改步骤（当然，这是唯一在写草稿时要记住的）。你的第一步是写出来可供修改的草稿。如果你不停地问是该用动词或名词这样的问题，是根本写不出草稿的。如果没有时间检查整篇论文，可以选择那些你感到最难解释的段落开始。当你尽全力想写出令人困惑的内容来时，你的句子也会变得混乱。

为了写得清晰和流畅

诊断

1. 标识出句首的五六个词。不要理会引导性的词组，比如说，“首先”“对大多数情况而言”等等。

2. 浏览整页草稿，看看你标识出的词是否有一致性。一组句子的起始词并不需要统一，但它们应该是读者想看到的词汇，词汇之间应该有关联。如果不是这样，你要进行修改。

3. 检查每句中标识出的词。它们应该包括一个主角做主语，有动词在完成一项重要的动作。如果不是这样，你要进行修改。

修改：

1. 找出你的主角，可能是真人，也可能是抽象的概念。用他或它做主语。

2. 找到名词化的动词。如果它们是句子主语的动作，把它们变换为动词形式。

3. 确保每句话开始于熟悉的信息，最后是你在前面替代过的一个角色。

为了写得突出重点

诊断：

1. 用下划线标识每个句子最后的五六个词。

2. 被标识出的词应该是：

- 首次使用的术语
- 最新的、最复杂的信息
- 最想强调的信息
- 后面的句子要讲解的概念

3. 如果标识出的词不属于这几种情况，你需要修改句子：在句尾放置以上这几种词。

第五部分

最后几点考虑

Some Last Considerations

研究的伦理

在本书前面的论述中，我们不仅给出了有用的建议，还强调要与读者建立人与人之间的信任关系，鼓励读者树立良好的道德风尚，讲诚信，杜绝在搜集证据和写研究报告中的偏见，避免剽窃等等。下面，我们要分享本书所涉及的伦理问题，希望你在读完本书后多一些思考。

这本书有一个基本观点：研究是一种重要的社会活动，它把作者与读者联系在一起，因为读者有可能从研究中获益，也有可能从中受损。不仅如此，研究还把你和读者与从前的研究人员和研究成果联系在一起。为了理解我们在这个复杂的人际关系网中当前和未来的责任，我们必须超越技术层面的思考，在社会交往这个层面思考伦理问题。

我们从道德这个词的两个广义概念谈起：社会关系和人在社会中的伦理选择。伦理的概念源自希腊，意思是社会共同习俗或个人品质（或好，或坏）。在此之前，我们强调过研究的社会作用，它在研究作者、读者、参考文献之间建立起社会关系。跟其他任何社会活动一样，做研究要遵守伦理原则。在现实中，有人遵守伦理原则，也有人违背。

大体看，真正的学术研究人员是遵守伦理的——他们一般不会像华尔街分析员那样按照公司的要求把某种股票推荐给投资者，或是接受制药厂的钱去“证明”一种药是安全的（不考虑它是否有效）。老师不会贿赂你写文章支持他的观点，而你也很少有机会靠造假成名——例如，那个因为发现艾滋病毒而成名的美国研究人员，实际上是从一个法国实验室里“剽窃”的。

即便如此，你在研究过程中自始至终都要遵守伦理规范，守伦理的研究人员一般不会去做下面几件事：

- 剽窃或索取他人的成果。
- 误报参考文献、发明数据，虚构结果。
- 提交不可信的数据。
- 隐瞒自己无力反驳的对立观点。
- 嘲笑或歪曲对立的观点。
- 销毁数据，隐藏对那些追踪研究进展的人来说很重要的参考文献。

我们很容易找到不守伦理的实例：用印度墨汁在实验室白鼠身上伪造“遗传”标记的生物学家；安然公司的会计和安达信会计师事务所的审计员销毁原始文件；政府的政治顾问删除电子邮件；学生从互联网上购买论文交作业。

更具挑战性的是，伦理原则让我们超越简单的“不要”去做，而应该肯定地去做该做的事。当我们以这样的方式思考伦理选择问题时，我们就超越了自身利益与真诚地追求真理之间的简单冲突，或是我们自己想要的东西与对他人有益或至少无害的东西之间的冲突。如果说写论文是读者和作者为一起寻找问题答案的协作，那么我们面临的挑战就是要建立起道德上的伙伴关系（就是传统意义上的品德），这有助于建立起遵守道德的社会氛围。

但这种挑战引发了更多的问题，是我们在本书里无法回答的。有些问题，我们已经形成了共识；还有一些仍然存在争议。在本书的五位作者中，我们的意见也是不统一的。但有一点我们是一致的，那就是研究是发给每位研究人员的一个道德邀请，如果我们不仅出于责任心去接受它，还真正地拥护它，它就能最好地为研究人员和读者的利益服务。

- 一个研究团体，无论时间长短，其成员之间不仅存在着共识，还拥有共同兴趣，你为研究团体工作所要遵循的道德标准要高于你为自己工作时的道德标准。
- 当你想改变其他人的认知和兴趣，你就需要向他们解释清楚为什么你的研究成果会改变他们的认知和信念，而且在解释前，你不仅先要核查你自己的认知和兴趣，还要核查你对他们负有的责任。
- 当你感谢读者提出的不同意见，甚至是强烈的反对或质疑的时候，你不仅是在更接近更可靠的知识、更透彻的理解和更合理的信念，而且也更尊重了你的读者的尊严和人性需求。

换句话说，当你把做研究、写论文当作是同事之间为获得更多知识而展开的平等对话与交流，那么你对自己提出的伦理要求应该对所有人都有利——即使我们还不能就共同利益达成一致。当你拒绝如此的交流，你可能会伤害自己，也可能伤害那些依赖你作品的人。

正是这种对研究团体集体诚信的担忧，才导致研究人员如此强烈地谴责剽窃行径。抄袭是偷窃，这并非只是说说而已。抄袭者通过不承认研究成果的来源，窃取了诚实的研究者本该获得的认可，以及一个研究者花费毕生心血去赢得的尊重。此外，由于抄袭削弱了研究成果的价值，也贬低了整个研究团体的声誉。

抄袭现象存在于所有研究团体之中，包括大学本科的课堂。学生抄袭不仅是在剽窃参考文献，还使其他同学的成果在剽窃来的成果面前相形见绌。当这类智力剽窃行径变得普遍，研究团体中就会出现猜忌，接着就会出现相互不信任，最后变得玩世不恭：每个人都在这么做，如果我不做，我就落后了。教师在致力于教学工作的同时，必须提防被学生欺骗。更糟糕的是，剽窃者伤害了自己所接受的教育，进而窃取了那个致力于培养他以及他那一代人未来为社会做有意义工作的广大社会提供的资源。没有人做有意义的工作，社会就无法生存下去。

简而言之，当你在报告研究成果时遵守道德，你就等同于加入了一个寻求某种共同利益的集体。当你尊重资料来源，保护和承认跟你的研究结果相悖的资料数据，只提出充分论据允许你做出的结论，承认自己的研究成果的确定性是有限的，并履行作为研究者和作者理应遵守的其他所有道德义务的时候，你便已经超越了获得一个学位或其他物质收获的层面——你正从与读者共建的契约关系中获得更大的利益。你会发现，最有益于他人的研究工作，也最能让你自己受益。

给教师的附言

在这篇附言中，我们要把本书前面没有明确说明的事情明确地说出来。我们希望你能在改善国家“研究现状”方面贡献一份力量。有太多的大学老师说打算放弃教授如何写论文这门课程了。同事们告诉我们，他们收到的学生论文多是无聊的拼凑，学生们无法胜任写作任务，纸质研究论文如今已经变成前数字时代的遗物，甚至于除了大学里的学者，已经没有人再做研究了。

我们当然不会赞同。我们认为学习批判地阅读和思考的最好方法，就是做研究。我们知道，现实情况是大多数学生在参加工作后，即使自己不做研究，也不得不评估和依靠他人的研究工作。我们还知道，大多数研究工作需要以书面形式呈现，即使是在线报告研究结果，也需要写下来。所以，我们想不出比自己做研究更好的方法来为承担这一责任做准备。

这本书是为那些认同并相信以下两个观点——即使不认同，也愿意考虑这两个观点的人们而写的：

- 当学生以读者和研究团体的角度考虑问题时，他们学做研究的过程是顺利的，写出的研究报告是清晰的，因为读者和研究团体的价值观和行为规范定义了什么是好的研究，什么是好的研究报告。

● 研究既是心理过程，也是社交过程，当学生理解了研究报告中的几个关键的形式要素是如何影响读者对研究报告的阅读和判断时，他们就学会了如何管理研究中的重要过程。

我们认为这两个命题是密切相关的。当学生有了对阅读和写作这两个相互依存的过程的认知之后，他们就能更好地策划、执行、报告他们的研究成果了。不仅在撰写初稿阶段，在做研究的各个阶段他们都可以用读者的期待引导自己。此外，如果他们理解了读者在读研究报告时到底在寻找什么，他们就学会了如何更具批判性地阅读他人的报告。阅读和写作这两个过程是相辅相成的。

强加形式规则的风险

然而，强调形式特征也有风险，特别是对研究新手而言。论文的形式结构很容易被写得空洞无物。如果舞蹈老师只教合对节拍，钢琴老师只教正确的键位，那么就剥夺了学生深入享受舞蹈和音乐的乐趣。那些仅教给学生按照正确的格式写脚注和参考文献目录的老师同样剥夺了学生探索和发现的快乐，这些学生原本是可以用自己的优秀研究去造福这个世界的。

如果教给了学生做研究的正确态度，学生就会感觉做论证的要素不再是空洞的格式，而是对激励他们刻苦思考的问题的回答。它们帮助学生认识到什么对研究者、参考文献、恪守规矩的同事和读者之间的关系来说是真正重要的。这种认识是进行原创性研究的重要前提。

没有意义的空洞格式鼓励空洞的模仿，尤其是当教师没有能够在课堂上创造出一种恰当的语境帮助学生扮演研究者的社会角色，即使一开始只是在模拟或角色扮演。没有哪本教科书能完全创造出这样的语境，因为它需要一种只有想象力丰富的老师才能营造出的课堂体验。

只有当老师根据每位同学独一无二的特点设计研究任务，创造出恰当的社会情境，使得研究变得目标明确，学生才能认知并理解他们肩负的期待。学生的经验越少，老师需要提供的社会支持就得越多，这样学生才能以更加有效的方式使用形式结构。

研究任务的设计：为好奇心创造一个空间

老师们已经找到了许多方法来构建设计研究作业，来给予学生必要的支持。最成功的方法具有如下特点：

1. 好的研究项目所产生的效益远远大于对研究成果本身的评估。好的老师要求学生提出至少一个他们想要解决的问题，并用可靠的、相关的证据来支撑。好的研究任务要求学生把个人兴趣转化为公众兴趣，让学生能感受或至少想象到读者的需要只有他们可以提供。

最好的作业是要求学生为那些真的需要更好地了解或理解什么问题的人写论文。这些读者可能是因某个问题组成的一个临时研究团体，让学生为这个团体做研究，就好像在课堂外为客户做研究一样。例如，一个高级设计课程可以为本地公司或民间机构解决一个问题；一堂音乐课可以写出曲目注解；历史课程可以调查他们大学或本地机构的一段历史。

经验不足的学生可以为同学写论文，也可以为其他班级的同学写，且其他班级的同学确实可以实际使用新手研究者提供的信息。他们也可以为高年级设计专业的学生或研究生班的学生做研究；他们还可以给还在高中学习的学生写报告。

次佳的研究任务则模拟某一类典型情境，学生有能力为其他学生或委托人甚至研究人员解决问题。在比较大型的班级里，学生们可以分成若干小组，扮演读者，他们关注的问题是可以由这些初级研究员们研究解决的。

2. 好的研究任务有助于学生了解读者的需要。大部分学生难以想象从未谋面的读者，以及他们从未经历过的情况。缺乏与政府机构合作的知识或经验的生物系的学生，很可能写不出一份满足美国环保署官员需要的可信赖的报告。但教师可以激励学生想象那些遥远的读者来提供帮助。或者，教师可以把班级变成听众，让学生们决定什么问题需要解决，什么问题需要回答。如果学生能定义他们感兴趣的问题，他们将为彼此的研究提供最好的潜在读者。

3. 好的研究任务能创造出丰富的语境信息。当学生为读者解决的问题是他们可以理解并可以实地考察的，那么这样的作业就能给学生呈现出一个细节丰富的场景。学生可以在时间允许的范围内，发挥自己的才智，展开调查、询问和分析。

但如果无法在真实环境中安置研究项目时，研究任务应该尽量创造出想象场景。难以预计学生在这种场合中所需的所有信息，所以要把分析和讨论变成写论文的过程之一。只有让学生在一个特定社会环境中工作，他们才能做出有意义的合理选择并提供作出选择的充分理由。这样的选择才具有实际意义，论文作者才能真正理解到每个写作项目的核心是对读者反应的预估。当学生的研究项目里没有这样的语境"场景"供他们做选择时，他们只能做机械的练习，做研究和写论文变成了无意义的劳动——对你和他们都是如此。

我们再次强调学生之间活跃讨论的重要性。如果班级足够小，讨论以班级为单位展开。如果班级比较大，可以分成几个小组。

4. 好的研究任务提供临时性读者。很少有职业研究人员在获得征询回应之前就声称研究报告已经完成，而学生需要更多的反馈。要鼓励学生去征求早期回应，回应可以来自同学、朋友、家庭成员，甚至来自你。研究任务中可以安排提供回应的机会。其他同学可以很好地扮演这个角色，但如果他们认为自己的任务仅仅是"编辑"，那就不行了——对他们来说，这通常意味着在这里重新排列一个句子，在那里修改一个错误拼写就行了。让学生反馈者按照本书第 12 章至第 17 章的要求去做；你甚至可以组建一个反馈者小组，每一位小组成员负责某个文体文本。那些提供临时反馈的